品类战略与中国实践

Categoring Strategy and Its Practice in China

克里夫定位学院◎编

中国出版集团 東方出版中心

图书在版编目(CIP)数据

品类战略与中国实践 / 克里夫定位学院编. — 上海:东方出版中心, 2017.8 (2020.9重印)
ISBN 978-7-5473-1172-1

Ⅰ. ①品… Ⅱ. ①克… Ⅲ. ①企业战略—战略管理—中国—文集 Ⅳ. ① F279.23-53

中国版本图书馆CIP数据核字(2017)第189364号

策划、责编: 鲁培康
封面设计: 久品轩

品类战略与中国实践

出版发行: 东方出版中心
地　　址: 上海市仙霞路345号
电　　话: (021) 62417400
邮政编码: 200336
经　　销: 全国新华书店
印　　刷: 昆山市亭林印刷有限责任公司
开　　本: 710×1020毫米　1/16
字　　数: 112千字
印　　张: 9.5
版　　次: 2017年8月第1版
印　　次: 2020年9月第2次印刷
ISBN 978-7-5473-1172-1
定　　价: 48.00元

东方出版中心邮购部　电话: (021) 52069798

前言

里斯伙伴自2007年进入中国以来，一直致力于用定位理论以及定位理论最新发展“里斯品类战略”服务中国优质企业，协助它们开创品类、创建品牌。十年间，先后在汽车、家电、饮料、食品、餐饮、B2B等领域播下了品类战略的种子。按照里斯伙伴的观点，企业的战略周期是以十年为一个时间单位，到2017年，正好完成了一个战略周期。尽管时间较短，但目前这批企业和品牌，发展势头良好，竞争力和盈利水平明显优于所在行业内其他企业。

2017年5月11—12日，《哈佛商业评论》中文版联合里斯中国公司在上海主办了“第三届定位中国峰会暨里斯品类战略十周年论坛”，此次论坛以“见证品类的力量”为主题，旨在全面展示里斯中国公司十年来的理论、实践新成果。峰会现场可以容纳500人的上海中心大厦会议厅座无虚席，92岁高龄的定位之父艾·里斯先生和新一代定位大师劳拉·里斯女士亲临现场，并作了重要的主题演讲。七位定位理论实践企业家优秀代表分别作了案例分享，里斯全球合伙人张云先生作了主题分享。艾·里斯和劳拉·里斯的重要演讲、高级别的分享嘉宾阵容、长达两天的峰会日

峰会现场

程安排、500位企业家的参会等，使本届峰会成为定位有史以来最大的一场盛会！

定位理论是一个处于不断发展和完善中的理论。1963年里斯公司成立。半个多世纪以来，里斯公司通过全球，包括中国的实践，不断地将定位理论发展推向新的高度。本届峰会是定位理论最新发展：里斯品类战略在中国实践的十年总结与成果展示。艾·里斯先生的演讲围绕“成为品类代表的五个要点”来展开，劳拉·里斯女士分享的内容则是回答“如何为你的品牌选择视觉锤和战斗口号”，张云先生的演讲主题更是带给中国企业家们强烈的震撼——“品类的诞生与战略的终结”。另外，七位现场分享的企业家，从企业经营管理实践一线的角度，分享了他们的实践成果与感悟。

参会企业家受到了前所未有的触动。这不仅仅是定位理论以及最新发展的思想启发，更多的是实践企业家们真诚分享的峰会内容。他们纷纷要求将演讲的内容以实录的形式，形成文字资料，以便日后自己和团队深入学习。所以，作为峰会承办方的克里夫定位学院联合中国出版集团东方出版中心，对峰会演讲内容作了全面而细致的整理，汇集成册，以飨读者。希望本书的出版，能启发更多的中国企业家去实践里斯伙伴在峰会上所倡导的：中国企业家应该在未来创建、依托“中国”这一品类，打造出更多的世界级品牌！未来属于中国，未来也属于新品类！

克里夫定位学院

目录

定位之父艾·里斯先生现场演讲

CATEGORING STRATEGY AND ITS PRACTICE IN CHINA

定位之父艾·里斯：

打造成功企业和品牌的五个战略原则

今天大家为什么来到现场？我想因为大家想学习怎么样建立一个主导性的品牌，像可口可乐、苹果、劳力士、麦当劳和肯德基那样的品牌。这些都是非常强有力的品牌。要建立强有力的中国的品牌，而且能够主导一些行业和市场，我想给大家五个市场营销的原则：第一，定位；第二，对立；第三，品类；第四，聚焦；第五，多品牌。

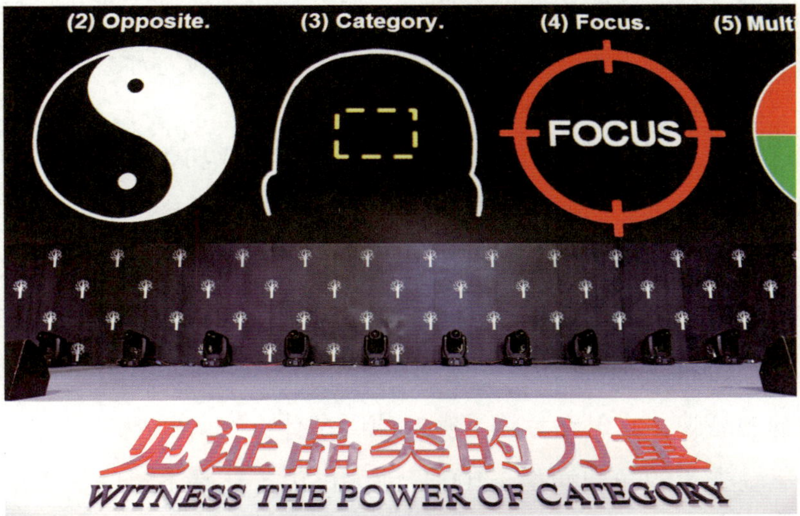

定位

50 年前，我在纽约市开了一家广告公司，那个时候其实广告行业是受三个人主导的，罗瑟·瑞夫斯（Rosser Reeves）、大卫·奥格威（David Ogilvy）、威廉·伯恩巴克（William Bernbach）。罗瑟·瑞夫斯提出了独一无二的卖点（USP），所有的这些广告都应该关注一个独一无二的特性。大卫·奥格威提出每一个广告其实都是长期投资，都是对品牌形象的长期投资。威廉·伯恩巴克提出了要关注广告的创造性和创意，如果一个广告有创意，那它的效果就相当于十个广告。

那个时候我和杰克·特劳特（Jack Trout）还年轻。我们扪心自问，怎么能够做到跟他们不一样。如果所有其他的人都在关注广告，那我们就不要关注广告了。我们要聚焦于全球消费者的心智。

看一下人们的心智，你看到了什么呢？我们认为有些心智当中的位置是已经被填充了的，但是有一些没有。

大部分人关注的是产品、质量、服务、价格，并不是说这些都不重要，但还有更重要的东西，那就是聚焦消费者的心智，看看能不能在心智当中找到一个没有被占据的定位。

这是十个智能手机的品牌，没有一个非常成功，并不是因为它们质量不够好，主要的原因就是因为它们不是首创的。

我们把心智当中的第一个品牌苹果和后来跟随的品牌联想做一个比较。苹果去年的净利润达到 3 150 亿元人民币，联想去年没有赚到钱，反而亏损了 8.83 亿元人民币。去年联想是世界上销量最大的个人电脑的品牌，它怎么亏钱了呢？原因是什么？营销战略不好。

三星去年的净利润是 1 100 亿元人民币，还是不错的。苹果的净利润率是 21.2%，它比第二品牌三星多了两倍还多。但是这两家公司都是盈利的，而其他所有十家竞争公司能收支平衡就算比较幸运了。

这在所有品类当中都是非常典型的现象，领导品牌比第二品牌的利润要多很多，所以大家要聚焦于成为领先品牌，成为领导品牌，尤其在品类当中成为领导品牌。

另外一个问题，很多公司现在都处于麻烦当中，因为他们总是想在消费者的心智当中用一个品牌名占据超过一个以上的定位，这是错误的。比如索尼，有索尼电视机、游戏机、电脑、智能手机，这个品牌希望在不同的四个定位当中都想成功。

在过去十年当中，苹果整体的销售额是 8.441 万亿元人民币，而

索尼整体的销售也不算糟糕，5.33 万亿元人民币。但在过去十年当中，苹果的净利润是 1.869 万亿元人民币，索尼亏损 400 亿元人民币。

大家可能会说，苹果难道不是和索尼做一样的事情吗？它不是也有四个品类吗？但是你可能还没有注意到，苹果可是公司的名字，并不是产品名，它的产品品牌名是 iPad、iPod、iPhone 和 Macintosh，这四个品牌名让苹果成为世界上价值最高的公司，今天早上它的市值是 5.5 万亿元人民币。

中国也有中国的苹果公司——阿里巴巴，它有三个品牌名，阿里巴巴是 B2B 业务，天猫是 B2C 业务，淘宝是 C2C 业务，我们也要祝贺阿里巴巴，你们的市场营销理念是非常正确的，这三个品牌让阿里巴巴今天早上的市值达到 2.012 万亿元人民币。

还有一个坏消息，一旦品牌在消费者心智当中拥有了一个定位，就很难去改变了。很多公司总是在讲对品牌进行重新定位。你不可能对品牌进行重新定位，一旦心智当中已经有了一种认知，人们是不会改变他们的心智的。

2007 年的时候，诺基亚是全球领先的手机公司，那时它的市场份额是 36%，摩托罗拉 19%，三星 13%，索尼爱立信 8%，LG 占 6%。2007 年苹果公司发布了 iPhone，如果你是诺基亚你会怎么做？

NOKIA

可能你会说，我也推出一个新的品牌吧。我们看到诺基亚推出了自己的智能手机，但是品牌名还是叫诺基亚，诺基亚智能手机。诺基亚想用一个品牌名占据消费者心智当中的两个位置，这是一场灾难。

2007 年的时候，诺基亚的利润是 730 亿元人民币，在 2012 年的时候，诺基亚亏损 280 亿元人民币，下一年 2013 年的时候，微软以 500 亿元人民币价格收购了诺基亚，要知道这家公司曾经的市值是 1.688 万亿元人民币。

你的品牌名是什么？品牌的定位是什么？这对你来说是最重要的营销决策，也是你公司最重要的决定。

对立

如果你不能成为一个领导品牌，如何成为排名第二的品牌呢？我们有另外一个营销的原则来回答这个问题，就是要做对立。借用中国

哲学阴阳的理念，不要去追逐竞争对手，不要去追着你的领导者走，不要去追随你们的领导公司。

基本上所有公司都在追随着领导者，大家都朝着一个方向走，实际上我们如调转头朝着相反的方向走。很难吗？作为一个营销理念，这种原则其实并不难理解。

三星如何成为紧随 iPhone 排名第二的强势品牌呢？它用的是这个策略。2007 年 iPhone 3 用的是 3.5 英寸的屏幕，2010 年 iPhone 4 是 4 英寸的屏幕，2011 年三星推出了 Note 1，屏幕是 5.3 英寸，比当时的 iPhone 大了 33%。2012 年的时候三星 Note 2 的屏幕是 5.5 英寸，比当时的 iPhone 大了 38%，直到两年之后，苹果才推出 iPhone 6 Plus，它的屏幕也是 5.5 英寸大屏。苹果应该行动得更快一点。

实际上，领导者必须要故意去复制对手产品的明显改进，这样你才能阻挡竞争对手，这样大家还会追随着你，大家会说因为你还是领导者，大家不会说那是竞争对手的做法。

比如，红牛是第一个功能饮料，它成功之后，仅在美国市场上就出现了超过一千个功能饮料品牌，但是它们都是用经典的 8.3 盎司的易拉罐来装，这个小罐子当中装了很多的能量。

哪个品牌成为第二品牌？是怪兽，它是第一个推出 16 盎司罐装的品牌，而且是唯一用大罐来装的品牌。所以在整个市场上有两个品牌形成了主导，第一品牌红牛占了市场份额的 45%，第二品牌怪兽在美国的市场份额是 37%。

沃尔玛是世界上最大的平价零售店。塔吉特与之是完全对立的。塔吉特的通道特别宽，看上去非常高大上，沃尔玛的通道特别窄，货品摆放比较杂乱，所以这两者是完全不同的，塔吉特更加高端。2016 年沃尔玛的净利润是 2.8%，塔吉特是 3.9%，比沃尔玛更好。沃尔玛的规模更大，但是塔吉特的对立战略非常棒。

第三个品牌就是 K-mart，濒临破产。2017 年 3 月，《纽约时报》报道了第三品牌的情况，它基本上都需要靠大量借债才能够勉强维持存活。每个人都想要力争上游，但是实际上真正的机会却在于与众不同。你们公司的战略是什么？如果你和大多数公司一样，只是提升质量，降低价格，提升分销，招更好的销售人员，这种更好的战略真的能够帮到你吗？我不这么认为。

品类

在每一个品类当中，只有两个强大品牌的空间，一个是领导品牌，还有一个是第二品牌，第二品牌是领导品牌的对立，但是留给第

三品牌的空间非常少。对于第三品牌来讲它还有希望吗？希望不大，但是如果它们要遵循接下来的一个营销原则的话，我觉得还是大有希望的，也就是品类。

品类战略是由我们最喜欢的合伙人提出来的。如果在你的品类当中没有办法占据第一或第二品牌地位，那么你就需要打造一个新的品类，然后成为这个新品类当中的第一。你不能把所有的精力都花在产品、服务、营销和分销等方面，你应该把所有精力都花在品类上。

我有一个免费的点子。如何与苹果、三星竞争？我们来看一下。这是一只手表，就像在动画片当中看到的手表，不能上网，不能发短信，也不能记录健身数据。它只是语音控制的一个手机。我对它说一句话，就能一边开车一边直接跟我太太通话："Hi，Mary，我可能要晚一点才能到家。"

绝大多数品牌都在不断增加功能，但 iPad 非常成功地打造了一个新品类。把笔记本电脑的键盘部分拿掉，变成了平板电脑 iPad。把键盘拿掉，再把它换一个方向就是几十亿元、上百亿元的业务了，这也是使苹果成为世界上价值最高公司的其中一个品牌。

我们看一下 Mini Cooper，把皮卡后面的车斗拿掉就成为 Mini Cooper，代替了大众的甲壳虫。Mini Cooper 的内部空间变大，外部变小，这就是一种非常实用的汽车，尤其在上海这样的大城市。

但是我觉得它的品牌名不够好，没有人想买被叫做"迷你型"的东西。你需要做的就是

将战略应用到品牌名当中。

怪兽的战略是什么？它的量是红牛的两倍，就像怪兽一样特别大，所以它的品牌名跟商品是匹配的。

有一些新的品类其实只是过渡型的品类，比如说拍立得，马上就可以拿到照片。这是胶卷和数码拍照之间的过渡品类。我们现在用数码相机、智能手机，马上就可以看到照片。还有facsimile，就是我们所说的传真，实际上是邮件和email之间的过渡品类。传真现在已经很少用了。黑莓的按键智能手机，是手机和触屏智能手机之间过渡的品类，这种品类是没有未来的。

聚焦

创造一个新品类，一个很有用的技巧就是聚焦，基本上现在所有的业务都可以通过聚焦创建一个新的品类。

我们并不是在市场上、在店铺里面获胜，而是在人们的心智当中获胜。品牌所有的策略都要针对心智。如何进入人们的心智？什么在阻挡我们进入消费者的心智呢？你要缩窄你的聚焦，这是最快进入人们心智的方法。聚焦并不是一个新的想法，这是从孔子那里借鉴而来的——逐二兔者，不得一兔。

美国大选，有18位候选人，但是只有一位候选人说要建墙来阻挡墨西哥非法移民。我不同意他的观点，但是我觉得他的策略很对，聚焦在一个具体的事务上。其他17位候选人什么都喜欢：降税，更好的政府管制，提高军队的预算，或者是降低国家的预算等。但这是不可能获胜的。

希拉里说“我和她站在一起”（I’m with her），后来又说“大家一起战斗吧”，后来又是“我们一起变得更强大”。她为什么要这么做？可能是她希望所有人都喜欢她的口号。然而这一做法反而使得没有人注意到她。你要把活动聚焦到一个单一事务上，不要用各种各样的信息去讨好所有人。

美国的第一个搜索引擎是雅虎，随后推出雅虎邮件、雅虎游戏，很多业务都是在这个品牌名之下。第二个搜索引擎是 altavista，有邮件、目录、主题板，还有购物。第三个搜索引擎是 goto.com，做整合的服务，他们是蛮成功的，干脆把自己的业务卖了。第四位是谷歌，它也是唯一一个纯搜索引擎。

比如雅虎和谷歌网页的画面，雅虎的网站很乱，而搜索网站给我们的印象是搜索。再看一下他们财务上的业绩，雅虎曾经在股市上的市值是 965 亿元人民币，而它以 310 亿元人民币的价格把自己卖给了 verizon。谷歌今天早上的市值是 4.373 万亿元人民币，就是因为谷歌缩窄了他们的聚焦，聚焦到一个功能上搜索，如今，谷歌在全世界市值排名第二。

为什么会有这样的现象呢？大家都想扩张，而实际上真正的机会

在与它相反的做法，就是聚焦。

斯巴鲁是日本汽车品牌，它首先推出了四轮驱动，这个想法并不是所有人都理解。在北方大家都想要四轮驱动，但是在南方没有雪，人们并不需要四轮驱动。斯巴鲁在 1993 年的时候既卖四轮驱动又卖两轮驱动，整个销售额是 96 亿元人民币，48% 是四轮驱动，52% 是两轮驱动。

后来他们聘请了一个新总裁。新总裁做了什么？他决定不做两轮驱动，整个公司聚焦在四轮驱动上。1993 年的时候，斯巴鲁销售量是 10 万辆，2016 年他们的销售量超过了 61 万辆，净利润率 13.5%，超过了其他所有的汽车公司。

我们研究一下这些汽车公司。比如福特，1903 年的时候只有一个车型 A 型，它的销量是 1 708 辆车，下一年福特推出了三个新车型，B 型、C 型，还有 F 型，为什么他们的销量只有 1 695 辆车，比前一年的销量要少？这时候福特开始思考。

四年之后的 1908 年，福特推出了第一款 T 型车，T 型车卖得非常好。从 1909 年到 1926 年，福特只生产一个车型就是 T 型车，并在这 18 年里不断改善这个车型，这 18 年里福特的平均市场占有率是

43%。现在福特有 15 个不同车型，全部都是用福特的品牌名，结果它现在占有的市场份额仅有 13%。

或许是因为那个时候福特的竞争对手比较少？其实在当时福特也有很多的竞争对手，主要的汽车制造商有 52 家，包括别克、凯迪拉克、雪佛兰等，为什么会出现这样的情况呢？是因为所有人都想要更多，但是真正的机会却在于聚焦。

每家公司都是什么车型都做，比如轿车、SUV、旅行车、皮卡等。长城汽车曾经也是所有车型都做，但是后来他们决定要聚焦 SUV，并取得了非常好的成绩。2016 年长城汽车也是盈利能力最强的汽车公司之一，净利润率达到 10.7%，跟吉利的 9.6% 和比亚迪的 4% 多相比还是非常好的。

多品牌

如果长城只聚焦于 SUV，是不是限制了它的发展能力？这里还有另外一个营销原则，就是多品牌。

长城推出第二个 SUV 品牌“WEY”，是根据魏总的姓氏来命名的，这也给我们带来了另外一个非常重要的营销原则，如果要让公司出名，也要让公司的高管出名。比如阿里巴巴的马云，苹果的乔布斯，特斯拉的马斯克，微软的比尔·盖茨，长城的魏总。

公关是你未来沟通的一个方式，而且公关是需要有一个人跟媒体

来面对面的。我们看特斯拉之前每一个主要的公司都用它现有的品牌名推出它的电动车产品。但是特斯拉却不一样，它实际上是打造了一个新的品类，并且成为第一。今天，特斯拉的股票市值达到了 3 760 亿元人民币，福特是 3 150 亿元人民币，通用是 3 550 亿元人民币。

我们看一下互联网的品牌建设，实际上每一家大型的公司都有它自己的网站，而且用它现有的品牌名命名。这些网站哪一个是成功的呢？没有一个是成功的。比如沃尔玛，2000 年的时候沃尔玛就推出了购物网站，walmart.com，没有用新的品牌名。17 年过去了，2016 年的时候，walmart.com 的销售额相对全公司总销售额的占比不到 3%。沃尔玛最近也意识到犯了错误，以 227 亿元人民币的高价收购了 jet.com。

无论你的品牌多大，无论你觉得你的品牌多有实力，如果你想在互联网上做生意，你就需要第二个品牌名，单一品牌的时代已经过去了。

我们看日本的高科技行业，其实是由六大公司组成的。过

去十年中，这六大公司的总营收高达 28.1 万亿元人民币，中国 2016 年的 GDP 只有 74.4 万亿元人民币。这六家公司的盈利情况怎么样呢？他们一共亏损了 1 020 亿元人民币，松下亏损 823 亿元人民币，NEC 亏损了 231 亿元人民币。为什么销售额达到 28.1 万亿元人民币，最后还亏了这么多钱？其实很简单，因为产品线的延伸，他们用单一的品牌名卖所有的东西，这就叫做“日本病”。

我和劳拉到过 60 多个国家发表演讲，但是我们从来没有收到过日本公司的邀请，他们知道我肯定会抨击他们的营销策略。20 世纪 80 年代的时候，美国人觉得日本会掌控全球最强有力的经济，但是最终根本没有发生。世界上价值最大的十家公司，七家都是美国公司，只有一家是日本公司。其实只有通过品牌建设才能取胜，并不是通过销售取胜。

但是美国也有“生病”的企业，比如特朗普的三个赌场都用自己的名字。我们曾经跟特朗普说过，你的第二个赌场不应该用自己的名字了。研究一下特朗普大厦的历史，这三家全部都是破产的。

世界上盈利能力最强的公司都是多品牌的公司。可口可乐去年净利润率是15.6%，宝洁是16.1%，苹果是21.2%。苹果有四个品牌，每一个品牌的年销售都超过了70亿元人民币，可口可乐有14个年销售额超过70亿元人民币的品牌，宝洁有25个年销售额超过70亿元人民币的品牌。

如果你遵循五个原则的话，接下来会怎么样呢？如果大家听从我的建议，我相信你会主导一个品类。

我们建议，首先在中国实现品类的主导，然后用中国领先地位的口号在全球营销。这里我们要确保品牌名用英文读起来朗朗上口。很多品牌名听起来不错，但只是在中文当中不错，在英文当中就没有任何意义。如果你的品牌名用英文读不出来的话，那你这个品牌不可能成为全球成功的品牌。

lenovo HUAWEI mi

你来告诉我，我们应该如何称呼你们的国家呢？其实我不清楚，是应该读zhong guo还是应该叫China呢？既然一个国家在全球市场上都能放弃使用官方拼音，你的公司也可以。

我们有五个营销原则，定位，对立，品类，聚焦，以及多品牌。有了这五个原则，我们才能成为成功的公司和品牌。

新一代定位大师劳拉·里斯现场演讲

CATEGORING STRATEGY AND
ITS PRACTICE IN CHINA

新一代定位大师劳拉·里斯：

如何将品牌定位有效地植入心智

非常高兴能来庆祝里斯中国的十周年，希望接下来的二十周年、三十周年我们都能回到中国来庆祝。今明两天我们会和大家分享一些关于营销的新想法。

从定位到视觉锤

首先回顾一下历史。20 世纪 80 年代，我的父亲里斯先生写了一本书《定位》(注：系第一作者)，成为有史以来营销领域中最畅销的一本书，它革新了大家对营销的想法。实际上，仅在中国，这本书的销量就已经超出 40 万册。里斯中国在过去十年当中发展得非常好，也体现了这个理论的有效性。然而，我发现其实有一部分是缺失的。是什么呢？

《定位》这本书是关于文字的，但是要在心智当中占据一个定位，不光只是文字、词语，视觉方面的信息也同样重要。因此，我写了一本书来补充我父亲的《定位》，书名叫作《视觉锤》。你需要为你自己的品牌找到一个合适的视觉形象，或者说“视觉锤”，这样才能在消费者心中占据一席之地。

万宝路为什么能够成为一个香烟主导品牌？在 1953 年问世之前，美国市场上有五大香烟品牌，男性当中有 50% 是烟民，女性只有 20% 是烟民。烟草公司也看到了这个调研结果，他们说，其实我们已经覆盖了很多男性烟民，要想增长，就要去关注女性。

所以可以看到当时所有香烟品牌的广告都是男性、女性同时出现。你可以让自己的香烟品牌去吸引男性和女性，但是实际上，真正的机会就在于对立。想要进入到消费者的心智当中，需要一个聚焦的做法。

万宝路选择聚焦于男性，用了西部牛仔的视觉形象，把男子气概的信息传递出来。万宝路现在有多成功呢？它是全世界销量最高的香烟，销售额比第二品牌高出 130%。万宝路的牛仔形象就是我们所说的视觉锤的概念，它把语言钉钉入了消费者的心智中。

我们都只有一个心智，但有两个半脑，左脑和右脑，各有两个不同功能，左脑负责处理声音，右脑负责处理视觉。在你听到一个词之后，左脑立马就会理解，但是右脑整个信息处理过程就长一些。看到视觉之后，右脑先把它转化成声音，再传到左脑，这需要更多的时间和精力，所以你听到和看到信息的速度是不一样的。

右脑还有另外一个功能，它是你的情感处理器。图像是充满情感的，你看到一个小孩子的图像，如果把图像换成 baby 这个词，就没有那么多情感含量。再举一个例子，一个人在看电影的时候，通常会哭或笑，但是如果一个人在读书的时候，基本上不会有情感的表现，即便电影和书都写了同样的故事。这关乎营销当中最为重要

的可记忆性。

看到红灯，我们自然就停了。这也体现出了视觉锤的力量。绿灯变成黄灯的话，司机的脚立马就会移到刹车踏板的位置，变红灯，立马就会踩住刹车。如果把红绿灯的颜色改成文字指令会是什么情况呢？信息还是一样的——“行，注意，停”，但是效果完全不同。街上会变得非常混乱，会有很多事故。

科罗娜是工薪阶层喝的啤酒，它进入美国市场时的战略特别好，而且是一个视觉的创意。它在酒瓶上加了一片酸橙。墨西哥的酸橙最有名，这也就展现了这个品牌的正宗。如今，科罗娜不仅是墨西哥或者美国的品牌了，它已经成为一个全球品牌。几年前，我和父亲在广州的餐厅吃饭，菜单上就有科罗娜。

城市和国家也有自己的视觉锤。一些比较著名的画面会让我们想到一些城市。比如纽约的女神像、罗马的竞技场、巴黎的埃菲尔铁塔，还有悉尼的歌剧院、日本的银座、莫斯科的红场，以及中国的长城。

但是商标并不等于视觉锤。美国市场上的汽车品牌超过 23 个，每年销售几十万辆汽车，但只有一个品牌有视觉锤，那就是宝马。

为什么这些汽车公司没有创建自己的视觉锤呢？他们做了很多研究，有些研究是做得不错的，但是有的时候研究也会让你陷入麻烦。比如研究消费者买车的时候到底会看重什么。你会发现他们什么都看重，可靠性、里程高、内饰好，驾驶性能也要好，这就像女性寻找丈夫的时候也希望有一个十全十美的丈夫。

宝马曾经做过这样一个广告，广告词说他们什么样的功能都有，它是一个豪华汽车品牌，它的性能、操控、燃油性都非常好。宝马广告的效果怎么样呢？十年当中它做广告什么都涵盖，针对所有的消费者，但是并没有得到成功，它在美国市场的欧洲进口汽车品牌中位列第十一位。

实际上品牌不可能针对所有的消费者并号称什么都有，这样消费者反倒记不住你。后来宝马改变了策略，只留下了“驾驶性”，语言钉就是终极驾驶机器，并结合视觉锤钉入人们的心智。宝马现在已经成为全球销量最高的豪华汽车品牌。实际上你并不需要告诉消费者，你什么都行，你要用视觉锤把某个特定的语言钉钉入人们的心智就可以了。

可口可乐就是这样。它瓶子的轮廓就是品牌的视觉锤。可口可乐是正宗的可乐，它并没有用语言，而是用了视觉锤，就是我们所说的眼见为实。

今天，并不是所有可口可乐都装在这个瓶子里来销售，但是在所有的产品包装上，比如易拉罐，平面广告和户外广告上、送货车上、电话卡上，我们都能看到这样一个流线瓶的视觉锤。这就是可口可乐视觉锤的效果。

营销人员总是把重点放在语言上面，他们总是做 PPT，说很多话，展示很多文字。但是一个公司如果运用了视觉锤，就会带来巨大的进步。

比如，Aflac 当时的品牌知名度只有 12%，后来把鸭子加在自己的 logo 上，在广告上也用了这样的视觉效果，它的知名度马上从 12% 提升到了 94%，效果非常好。为什么 Aflac 选用鸭子的图像？鸭子的叫声很像 Aflac。通常来说，保险公司希望人们能记住自己的名字，让消费者主动来找保险公司。

创建视觉锤的七种方法

视觉非常重要，我们找到视觉锤有多种方法。今天跟大家分享几种方法，大家可以回去想一想，为自己的公司和品牌创建视觉锤来影响人们的心智。创建视觉锤的几种方法：第一，形状；第二，颜色；第三，产品本身；第四，包装；第五，动态；第六，创始人；第七，符号。在此，我结合每一种方法，给大家举一些例子。

1. 形状

先从形状说起。塔吉特（Target）是美国很有名的零售商，就像沃尔玛一样，但它可能更时尚。塔吉特的视觉锤用在很多地方，比如店铺、购物袋，甚至品牌吉祥物狗的脸上。这样的视觉锤展示了塔吉特自己的形象和定位。它的吉祥物狗也很出名，它的故事时常登上纽约的报纸。

这个视觉锤对它的品牌提升带来很大的效果，现在塔吉特的利润率已经超过了沃尔玛。2016 年沃尔玛的净利润率是 2.8%，塔吉特是 3.9%。

沃尔玛也有自己的视觉形象，但却没有任何信息传达的作用，这个太阳花像是随意画出来的图案。你必须要通过视觉锤传递某些信息。

2. 颜色

我儿子特别喜欢麦当劳，它 M 形拱门的颜色，就是它的视觉锤。街上很多快餐店，人们并不容易认出来。但麦当劳的金色拱门就非常容易被记住。

一个颜色比多个颜色更好。早期的苹果 logo 颜色看起来很漂亮，色彩斑斓，但漂亮不是我们的目标，我们的目的是要提高可辨识度。白色就非常有辨识度，比如白色的耳机。

很多国家的国旗用了多种颜色，大家很容易搞混，比如这些国家的国旗，荷兰、比利时、意大利，但是给我们的印象都不深。

有三个国旗颜色少，但非常容易让人记住：以色列、日本和中国。中国国旗的颜色也是我最喜欢的红色。

克里斯坦（Christian）设计的高跟鞋都有红色的鞋底，看到红鞋底，你立刻就知道这是谁设计的鞋子。一旦有了这样一个独特的视觉锤，不仅很容易生成公关的内容，还能够让它的广告更易记。实际上，视觉锤能够提醒消费者这是哪一个品牌。

3. 产品

有时候产品本身就可以是视觉锤。

比如劳力士，它的视觉锤就是独一无二的表带。但是可能会有人不同意我的说法，说很多品牌不是也模仿劳力士表带吗？没关系，劳力士是第一款有这个表带的，这已经占据了人们的心智。

Prius（普锐斯）是丰田混合动力车型的一个新品牌，为什么普锐斯能够主导市场呢？它有一个新的品牌名，而且在视觉上看上去与众不同。它看上去跟别的车不一样，甚至有点奇怪。

其实消费者并不是真正想买一台混合动力型汽车，他们想买的是看上去像混合动力的车，这样就可以跟自己的邻居说自己是非常看重环保，他们是愿意向他人展示。

Geox（健乐士）是意大利最好的鞋品牌。品牌的广告表达了这

样一个意思：会呼吸的鞋。如果只是依靠语言去说，不如把视觉呈现给消费者。这样一个视觉呈现给消费者之后，表达了非常明确的意思。Geox（健乐士）2016 年的销售额非常高。

4. 包装

有时候产品不变，包装改一改，就成了独一无二。

POM Wonderful 这款石榴汁饮料是新品类中的第一个品牌，而且制造了非常好的公关，它的包装视觉锤极大地推动了公关。可以看到广告的主题是抗氧化超级饮料，它的产品包装上面还有一个披肩，表达一个超级英雄的概念。

比如 Absolut Vodka（绝对伏特加）用了一个独一无二的瓶子，定价比市场主导品牌高 65%，这样就打造了一个新品类。你可以看到它的视觉以及定价成功地占据了消费者的心智，成为伏特加市场的第二品牌。

Perrier（毕雷矿泉水）也是一个欧洲品牌，它的瓶装水销售得非常可观，在罐装的包装上面也印了瓶装的形态。

再举一个例子，比利时时代啤酒（Stella Artois）的视觉锤。我们通常都是用玻璃杯来喝啤酒，时代啤酒捆绑销售了独特的玻璃杯，它甚至在广告口号中也宣传它的杯子：它不是普通的玻璃杯，它是高脚酒杯。在卖场中，时代啤酒的六瓶装销售就附带一个它的啤酒杯。

时代啤酒已经成为美国第五大进口啤酒品牌。美国啤酒市场的竞争非常激烈，竞争品牌非常多，时代啤酒最终能够胜出就是因为视觉锤。

5. 动态

如今的信息环境里充斥着电视、视频、互联网等，如果你是一个品牌，可以成功地用动态来做视觉锤。

纯果乐（Tropicana）的市场份额达到了32%，是市场第一品牌，消费者与它的动态视觉锤产生了很多共鸣。企业后来想换新包装，结果非常糟糕，消费者在Facebook和推特上抱怨、抗议。最终企业维持老包装不变。

亨氏（Heinz）番茄酱的定位是西部流动最慢的番茄酱。倒番茄酱的时候，它流得很慢，换句话说，它是最稠的番茄酱，向消费者传达的是“我们的番茄酱质量更高，而且更加浓稠”。

多芬香皂（Dove）含有四分之一的乳液。怎样把这个定位植入到消费者心智中呢？它做了一个广告，把四分之一乳液倒到香皂当中。尽管这并不是香皂实际的制造方式，但是这一动态将定位成功地传达到了消费者的心智中，多芬成为香皂市场的第一品牌。

6. 创始人

创始人本身也可以成为视觉锤。

肯德基的视觉锤用的就是创始人。它是世界上最大的连锁餐厅，也是中国最大的连锁餐厅。其实在中国，有了视觉锤，你就不需要记住 KFC 翻译过来是什么意思。

7. 符号

有时候，一个独一无二的符号就是你的品牌视觉锤。

比如耐克的标识。耐克就是打造了跑鞋这个新品类的品牌。与阿迪达斯和锐步相比，有多少消费者能够在看到 logo 的时候就意识到这是阿迪达斯和锐步？因为它们并没有打造新品类。

基本上所有宗教都有自己的视觉锤，比如基督教、犹太教、佛教。

我们看一下汽车，大部分的汽车都有自己的商标，比如说像本田、宝马、奔驰。奔驰的三芒星标志就是它品牌的视觉锤，而且这个品牌成功创建了豪华车新品类，你甚至还可以把它点亮，你只需要花差不多 4 780 元人民币也就是 550 美元，就可以让你奔驰的三芒星亮起来。

如果要用标志来创建视觉锤，简单是一个更好的选择。

比如奔驰的三芒星、苹果的标志都非常简洁。把奔驰和凯迪拉克进行比较，你会发现凯迪拉克的品牌标志太复杂，它作为视觉锤就没有那么有效。

把 2008 年北京奥运会跟 2012 年伦敦奥运会做比较，北京有鸟巢，而伦敦的标志很难说清。哪一个文字的概念能够在心智当中创造出一个图像呢？一个有效的视觉锤需要能够传递具象的信息。

为品牌提炼“战斗口号”

今天我还要给大家介绍一个新的理念，我们用视觉锤把语言钉钉入心智，我们还需要用战斗口号进一步推动我们的品牌传播。

心智里没有语言，只有声音。我们的大脑里面有 1 000 亿个神经元，它们互相连接在一起。大脑如何理解这些声音呢？科学家们研究了虫子，比如这个虫子的大脑非常小，大约有 300 个神经元，每个神经元有 23 个连接。我们的大脑应该有 23 000 亿个处理声音的神经元连接。因此声音非常重要。

战斗口号就是利用声音建立关联，创造出具有记忆性和激发性的口号。

我们看法国大革命的口号，能号召大家，知道为什么去革命，为什么去斗争。自由、平等、博爱，这就是法国大革命的口号。

我们可以利用同样的技巧来创建品牌的战斗口号，消费者可以把它大声喊出来，可以在心智当中留下不可磨灭的印记。

创建战斗口号有一些技巧，能够帮助提升品牌的记忆度：押韵、头韵、反差、重复和双关。如何用这些技巧来增强品牌在人们心目当

中的印象？

押韵，比如咖啡，大家早餐、午餐、晚餐都喝咖啡，这个咖啡就把重点放在早餐。（The best part of waking up is Folgers in your cup，up 与 cup 押韵。）

头韵，不光用在名字上，口号里面我们也可以用头韵。（Melts in your mouth, not in your hands，melt 与 mouth 押头韵。）

重复，比如说小凯撒披萨，两片披萨只卖一片披萨的价格，它用了重复的方法（Pizza! Pizza!）。让这个品牌在人们的心智当中不被遗忘。Fedex 可以隔夜到达，（When it absolutely, positively, has to be there overnight.）它用的是意思重复的词来强调，加强人们的印象。

反差，比如 It takes a tough man to make a tender chicken。一个硬汉子，但是他知道如何做出比较嫩的鸡肉，硬汉（tough men）和嫩（tender）之间就是一个反差的效果。

双关，比如说全球最有力的口号就是"钻石恒久远"（A diamond

is forever），钻石是最坚硬的物质，同时又代表了“永恒”的含义，非常有效果。

品牌要占据人们的心智，要利用定位这颗语言钉，同时用视觉锤把语言钉钉入心智。此外，还要用战斗口号，确保能够让消费者记住你的品牌，并愿意跟别人谈论，推动传播。除了我们的《定位》、《视觉锤》，接下来还有一本即将出版的书就是《战斗口号》（Battlecry）。

谢谢大家！

里斯中国总经理张云现场演讲

CATEGORING STRATEGY AND ITS PRACTICE IN CHINA

里斯中国总经理张云：

品类的诞生与战略的终结

大家下午好！这次峰会，里斯先生安排我来和大家分享品类的观念。

今天上午，今麦郎范总讲到一个观念，我非常认同，那就是企业家既要务实又要务虚。务实是什么？那就是具体的实践，务虚是观念的形成。从我个人的经验来看，如果要问我什么是企业战略中起到决定性的第一步，我认为是务虚。

今天上午的几位企业家分享了他们的实践案例，他们面临战略决策的节点，也许换一位企业家，就算他认同了定位，认同了聚焦，认同了品类，他也未必会这样决策。决策是由观念决定的，也就是由企业家的心智决定的。所以我们经常讲的一句话是：你只有相信定位，你才会有好的定位。你只有相信聚焦，你的聚焦才会有成果。是真的相信，而不仅是认同——很多企业家实际上认同的是聚焦的利润，但内心里接受不了聚焦的做法。

今天我要和大家分享的主题是《品类的诞生与战略的终结》，可能讲得比较务虚，但是，我认为，这对于我们深刻地理解品类战略的价值至关重要。

历史的终结"概念"

最近的一百年里，关于"战略"的理论和概念不断涌现，好像每过五年十年，就会有一个新的战略观念出现，但是其中大多数过两年又消失得无影无踪。我在这里提出一个问题，在这些变化当中，有没有一个根本的东西，它是永恒不变的？换句话说，关于战略，不变的是什么？我们如果把握住了不变的东西，我们就可以应对任何的变化，做到"以不变，应万变"。

在哲学领域，德国伟大的哲学家黑格尔曾经提出过一个非常有名

的概念，叫做“历史的终结”。他的主要观点是，哲学层面的历史和我们一般认为的历史是不一样的。我们一般认为的历史是指“大事件”，100 年前发生了什么大事件，十年前发生了什么大事件，从这个意义上讲，“历史”将永远延续。他认为哲学层面的历史，是整个人类经验和意识形态的总和，从这个意义上讲“历史”一定会有一个终点。

这个终点是什么？如何找到人类的终点？黑格尔认为，要找到人类的终点，必须找到推动人类发展的根本动力。我们一般认为几千年以来，经济就是人类发展的根本动力，大家都想活下来，为了生存而战。黑格尔并不是这样认为，他指出人类和动物最大的区别就在于人类会为了名誉，为了得到承认，不惜牺牲生命。动物抢到一块肉，赢了就吃，败了就跑。但是只有人类为了证明自己，会不惜生命，两个人拼杀，例如早期的角斗士。

黑格尔深刻地指出：人类社会的推动力，根本的推动力是心理。是人类希望被承认的心理推动着社会的发展。

他进而指出，当法国大革命发生的时候，人类已经找到这个目标，就是“民主和自由”。因为民主和自由可以让每个人得到承认。所以人类社会一定会向民主和自由的阶段发展，这是必然的。因此，黑格尔认为，在哲学层面，人类的历史已经终结了，剩下的只是实践。虽然今天人类尚未抵达那个终点，但人类已经找到了那个目标：民主和自由。

战略是否存在一个“历史的终结”？

同样，尽管随着时间的推移不断地出现了很多新的战略观念和理论，但在商业领域是否存在一个终极的战略概念呢？我认为是存在的。

50 年前，里斯先生和特劳特先生共同提出了定位观念。我认为定位最大的贡献就是在商业史上指出了营销竞争的终极战场。怎么占领这个终极战场？就像黑格尔，已经找到了驱动人类历史发展的是心理，是被承认的心理。那怎么满足这个被承认的心理？

我认为里斯先生和他的伙伴用了50年找到了这个东西，所以在此后的28年里，核心的主题就是如何去占据终极的战场？如何去占据消费者的心智？他们最初提出三种定位方法：领导者定位，关联定位，给竞争对手重新定位。然后又发展出了营销战（商战）的模型。这些著作是在一步一步往前走的实践过程中形成的，越来越靠近终点。

其中，《聚焦》这本书绝对是具有里程碑意义的。聚焦是战略里面最基本、最核心的观念。它最靠近终点，但是，仍然有一段距离。

今天上午任总分享了“老板”聚焦的实践就是最好的例子，聚焦的度是什么呢？企业认为聚焦到一个“厨电”已经很聚焦了，聚焦到“白电”已经很聚焦了，聚焦到“家电”已经很聚焦了，这个度是什么呢？

品类，给我们提供了最终的度——聚焦到一个品类

12年前，里斯先生和劳拉女士写了《品牌的起源》，首次系统地提出了关于品类的观念，里面一个重要的思想就是：建立品牌最佳的做法，就是开创并主导一个品类。

我认为当“品类”这个观念提出来之后，关于战略的历史就已经结束了。我们不用再去找下一个关于战略的新观念。这就是所有战略的核心，终极的做法就是：开创并主导一个品类。

我们放眼全球的商业实践，只要你的品牌能够代表一个品类，不管这个品类有多小，品牌都是非常有价值的。一旦你这个品牌代表不了任何品类，无论你的品牌有多大，都没有什么价值，最终难免像通用汽车一样走向破产。

30年前，里斯先生和劳拉女士在著作里面抨击美国的汽车产业，抨击日本的电子产业。最近的二三十年里，这些抨击都逐渐被验证：三大汽车企业已破产，日本的电子产业全面崩溃。我想起中国一句老话，“不听老人言，吃亏在眼前”。

心智特征造就了品类的力量

为什么民主自由如此有力量，有吸引力？是因为它满足了人类终极的心理。为什么品类有力量？是因为它满足了心智的基本特点。

心智有几大特点：归类存储，同类的信息是归类的；心智害怕复杂；心智容易失去焦点；心智缺乏安全感；它对专业的品牌更相信，心智排斥相同的东西。这些所有的特点，归结起来形成一个概念就是“品类”，这是心智赋予品类的力量。

同时，心智又是辩证的。心智对同一品类的信息接收量非常有限，有可能只有一个或者两个：对于不经常使用的品类只有一个阶梯。但是对于新的品类的接纳，又有无限的空间。这是进化心理学：

为了适应这个迅速变化的外界环境，人类从几十万年、几百万年前，积淀到现在，造就了心智特征，对新的东西接受能力非常强。回归到商业里，你在一个品类里面不是数一数二，你可能就没有什么未来了。

但是别担心，心智可以不断接受新的品类。你可以创新一个品类。所以品类是心智里面终极的驱动力。里斯先生和劳拉女士将此提炼为：消费者以品类来思考，用品牌来表达。

品类的诞生让定位理论达到了前所未有的高度

为什么今天把品类放得这么大？为什么说品类比品牌更重要？我认为是商业环境的变化。今天我们面临的产品极其丰富，选择极其多，同时我们的媒介环境和信息又极其爆炸。在这种情况下，以前简单的、小的差异化，已经不足以进入消费者的心智了，你必须有品类的差异。

以前靠知名度高一点，或者传播多一点，在某一个方面的包装改进一点，可能就可以赢了。但是今天，你必须要有“类”的差异，这是根本的差异。

“品类”的观念从诞生开始就体现出了极强的解释能力，如果说定位解释了 50% 商业的成功，我认为品类把它提高到了 90% 以上。很多品牌，从可口可乐到 iPhone、特斯拉、微信……它们都没有提出一个明确的定位概念“语言钉”，但是他们毫无例外都开创了一个品类。

我们经常听到很多企业提出疑问：我并没有实施定位，我们没有找到差异化的定位概念，但是我们仍然成功了。虽然我们可以用“存在一个潜在的定位”来解释，但实际上也承认了定位并非成功的必要条件。如果从品类的角度来看，大部分长期处于成功的品牌，它或许没有找到那个语言钉，但它一定是一个品类的开创者，至少是一个品类代表者。大家可以看看你们的行业，以及今天全球的案例，都已经证明了这一点。所以，我认为，品类的诞生，把定位理论提升到一个前所未有的高度。同时，把战略拉到了一个前所未有的落地程度。

我们很多战略都是蓝图，画一、二、三、四幅蓝图。但品类战略所表达的战略核心是你生意的核心，是马上可以着手做的，是看得见、摸得着的。比如长城汽车，你的战略就是在 SUV 这个领域里面做到全球第一，做到极致。从企业来讲，做到全球最大的 SUV 生产商，推动这个品类的发展。如果我们真的理解了“品类”这个观念，你的战略就非常清楚。

越是革命性的观念，产生的影响越是悄无声息。这个观念提出来已经十二年了，越来越多的企业、商学院，各个领域都在接受这个观念，它逐渐渗入了我们商业领域里。

其中一所全球著名的商学院发行的杂志，以品类的定义作为标签，发表了一系列的文章，讨论品类的问题。在理论界，菲利普·科特勒、大卫·艾克（David A. Aaker）教授也把品类的观念融入他们最新的著作里面。

当然，我认为更重要的是全球的实践。在最近十年里，全球商业领域涌现出来的三个非常重要的、有影响力的品牌，它们根本的战略就是品类创新。还有更多的品牌在做品类创新，新品类体现出了前所未有的力量。

小米走对了一半，非常可惜。福特作为全球传统汽车的代表性品牌，对比一下特斯拉，一个企业成立了一百多年，一个成立了十多年。但是前几天特斯拉的市值首次超过了福特汽车，达到500亿美元。在2016年的品类创新大会上，当时特斯拉的市值是300亿美元，我认为特斯拉的市值应该是3 000亿美元以上，因为它代表了全球最大产业之一——汽车产业的未来，我们拭目以待。今天，我认为它的估值应该在3 000亿到5 000亿，这就是新品类的力量。

品类战略是中国与全球同步的观念

定位这个观念的普及，对中国的企业家是不公平的。因为它首先诞生在美国，美国的企业首先接受了二三十年，然后才逐渐传到中国，现在才有这么多的中国企业家接受这个观念，实践这个观念。然而，品类这个观念是全球同步的，大家是站在同一条起跑线上的，在座的企业家代表了最先实践的一批，你们应该掌握最先进的“武器”和全球的企业展开竞争。

为什么品类的观念那么重要？刚才讲了，它有心智的基础。但是回归到企业的经营，我认为它对接了企业经营的根本。

管理大师德鲁克先生

管理大师德鲁克先生，他为什么被称为大师中的大师？为什么他的管理思想经久不衰？是因为他把握住了不变的、最根本的东西。比如他指出：企业唯一的目的就是创造顾客。你这个企业现在健不健康、有没有问题，就是看你有没有在创造顾客，这是根本所在。为了创造顾客，企业要么在技术上、产品上创新，要么做营销推广，教育更多的消费者。

品类把这两个职能实现了完美的统一。技术和营销不能完全分开，大量的实践证明，如果技术创新一旦脱离了营销，基本上很难产生什么成果。技术的创新必须和营销结合起来，最终经过市场来检验。否则，所谓的创新就是闭门造车。

品类这个观念诞生之后，企业关于战略的思考方向已经非常明确了。其实在座的各位可以回去想想，我这个企业，我这个品牌怎么做到代表这个品类？你唯一要做的就是使你的品牌代表这个品类、主导这个品类，其他的，我们说的聚焦、专注，都是围绕它的工具。

在黑格尔之后，亚历山大·柯耶夫（Alexander Kojève）是20世纪最伟大的黑格尔的诠释者，也是个非常杰出的哲学家。他说历史已经终结了，哲学家的使命已经完成了，世界观和方法论已经完成了，剩下就只有实践了。这位老兄干了一件历史上所有哲学家都没干的事情。他跑到政府里，成为欧盟的缔造者之一。欧盟就是历史的终结，民主自由观念的推动者，是这个观念实践的产物之一。而且这位老兄还有一个非常有预见性的判断，他认为英国就不应该加入欧盟，因为英国从来没有把自己当作欧洲人。

品类诞生时，战略终结时

我们不用再去寻找最新、最先进的战略观念了，我们已经有了，剩下的就是实践。实践决定你最终的成果。所以我想说，品类的诞生时，就是战略的终结时。我们不要再讨论战略了，我们的战略已经有了，我们剩下的工作就是怎么实践，怎么做到品类的主导。然而实践的工作才刚刚开始，还有无数未知的领域，还有无数我们将面对的挑战。

从里斯中国十年的实践来看，我最大的一个心得是：没有两个企业是完全一样的。我们不能完全复制任何一个企业的战略，他们有不同的环境，不同的基础，面临不同的机遇，甚至有不同的管理层。你在实践战略的时候，你做的决策也就不一样。这些因素是无限的，但战略已经终结了，我们的实践才刚刚开始。

定位还会继续发展，但我的理解只是属于局部的调整，最基本的观念已经终结了。就实践来说，不代表我们接受了这个观念，我们学习了这个观念，在实践当中就会一帆风顺。

360 是一个例子，周鸿祎是互联网企业里众所周知的定位粉丝。我到他的企业去，他告诉我：国内作者写的书，他只推荐一本就是《品类战略》。他认为只有《品类战略》达到这种高度。他又说当他看其他企业的时候特别清楚，但是看 360 时候就下不了决心。他说，他在做雅虎中国总裁的时候，做了一个搜索没有叫雅虎，叫一搜，只能搜图片和视频，是有差异化的。他说，当淘宝要推出一个 B2C 平台的时候，他认为确实应该用一个新的品牌名“天猫”。可是当他要推一款儿童手环的时候，他却决定叫 360。

里斯先生说过：咨询公司、咨询顾问提供很重要的一个“产品”和价值，就是第三方的外部视角。所以，即使是信奉定位理论的企业家，实践起来仍然非常艰难。

第二个例子就是小米。本来这次峰会我邀请了雷军先生，很希望他来分享一下他的实践，但是很遗憾他最终没来参与。我想这个阶段对于小米，对于雷军是非常痛苦的。小米聚焦互联网直销，让他成功。成功以后，推出了小米电视机、手环等，越来越多的不同的“小米”出现，当你把“盘子”已经做得很大的时候，你就很难再聚焦了。

雷军的合伙人告诉我说：小米五周年的时候，雷军给前一百名的员工送《定位》这本书，并且签上了自己的名字。但是很遗憾，雷军还是没有完全读懂定位。我们关注小米，不断指出问题不是出于幸灾乐祸，而是非常的关注、爱护，也觉得可惜。其实我们跟小米一直有沟通，它曾经有机会成为可以跟苹果媲美的品牌，但是现在来看，我认为非但没有“走好”的迹象，反而走向了越来越糟的趋势。

问题在哪里？我认为仍然是实践的问题。实践的问题在哪里？是理解的问题。到了自己，就下不了决心，因为有无数个因素：经销商、内部员工都反对。我认为最终的根源，还是对观念的理解和认识。另一部分是我们对品类的理解和对战略本身的理解，还存在很大的误差。

2008 年的时候，我陪里斯先生在北京中国大饭店接受当时的一名记者金错刀的采访。里斯先生说了这样一句话——我告诉你一个价值十亿美元的机会，未来会诞生一个不同于传统 PC 互联的品类，叫做：mobile.com。移动互联就是一个新的品类，新的品类会诞生新的品牌，比如会诞生新的搜索品牌，比如会诞生新的新闻品牌。在 PC 互联上诞生的那些品牌，在移动互联时代会被极大地削弱。我认为金错刀没有听懂。

但是有一家企业干了，2010 年一家叫“91”的公司成立了，专门做移动互联搜索。三年之后，它以 19 亿美元的价格卖给了百度。因为百度意识到在移动互联时代，它会受到极大的削弱，必须要通过收购来弥补这个弱势。新闻行业也诞生了一个新的品牌：2012 年成立的“今日头条”，现在已经成为移动互联里成长速度最快、用户数量达 6 亿的互联网品牌。

这是规律，把握住规律，我们就能掌握战略的机会。所以很多时候我们对品类本身的理解、对品类发展的规律本身的理解远远不够。下一个十亿美元的机会是什么呢？

中国，“中国”就是一个新品类。我认为在座的各位企业的成长，在未来十年、二十年将依托于“中国”这个品类成长。在中国市场我们会逐渐升级、改变那些以进口品牌、合资品牌占据主要市场份额的局面。这就是中国品牌的崛起，国货的崛起！这是不可逆转的、必然的趋势。

手机，以前我们都用洋品牌，现在已经很多人用自主品牌了。我认为在汽车产业里面，未来五到十年，中国的汽车品牌会赶超日韩。超过韩国是必然的，赶超日本，也是非常有可能的，这是必然的一个趋势。

“中国”品类的崛起，还带来另外一个机会，就是全球品牌。因为对全世界来讲，“中国”就是一个全新的品类。中国车、中国化妆品、中国茶、中国牛奶、中国奶粉、中国酸奶进入到全球市场。对他们来讲，天生就是一个新的品类，这个品类的机会是无比巨大的。

战略的历史已经终结，实践才会成为永恒。

所以，定好你的战略，选好你的品类，把握住大的品类的趋势，相信下一届峰会一定会诞生新的、更多的百亿级、千亿级的企业。

谢谢大家！

今麦郎董事长范现国现场演讲

CATEGORING STRATEGY AND ITS PRACTICE IN CHINA

今麦郎董事长范现国：

预测到的未来

尊敬的里斯先生、劳拉女士，尊敬的张云老师、王刚老师：

我作为企业的一员跟大家分享这几年对定位的学习和对定位的理解。

首先我感觉，定位对于企业，特别是对于企业家是至关重要的。第一个问题，定位定什么？我自己认为，定位首先是定自己。定位是企业战略的“一号工程”，也是企业家的一号工程。在未来30年的发展中，中国各个行业将出现世界级的领先品牌、超级企业，这是未来的一个趋势。

同时，2017年也是国内企业的一个拐点，在这个拐点当中你会发现，好的企业会越来越好，差的企业会越来越差。其中有很多道理，但最重要的一点是，好的企业都是因为学习了定位，导入了定位，差的企业是因为没有学习定位，没有导入定位。

定位可以预测未来

大家这两年感觉到，方便面的第一品牌以及国内饮料的第一品牌都下滑。我认为它们今年也会下滑，并且我认为明年也会下滑。为什么？如果今年不下滑，肯定是去年有符合定位的产品。如果明年不下滑，一定是今年有符合定位的产品。

通过学习定位，我感受到定位真正帮我们解决了一个预测未来的问题。就是帮我们了解未来三五年将发生什么。

企业家怎样应用定位？首先要定自己，从时间上定位。大部分企业家80%的时间做的都不是自己该做的事情。要把自己整块的时间放在企业战略上，放到定位上。就拿我本人来说，特别是2010年前后，我们行业竞争很激烈，我们的方便面业务发展得并不理想，我每天甚至要给几十个经销商打电话沟通。但是一年、两年过去了，我的

业绩并没有变好。

导入定位之后，这几年我感觉我的电话少了，人轻松了，我的生意做得好了。很重要的一点是，我做了我该做的事情。所以定位首先是定自己，既然定位是企业战略的一号工程，那么就应该是企业家的一号工程。所以，真正的企业家要把精力放在可预测到的未来上，看竞争对手，看自己的优势，甚至看国外发达国家的品类发展。

中小企业特别困难，主要是企业不懂得定位。企业家最容易犯的错误，实际上就是重战术、轻战略，忽略了定位，重务实轻务虚。我感觉定位是一个抽象思维，无法用一个公式来计算。这就需要企业家的深度思考，判断未来将发生什么？有时候企业家想到一个点，从内部思维思考，那个点不一定是未来的一个重点，它可能是一个虚的点，这个点的力量不够，所以一定要判断准确。重行动，轻思考，自己很忙也很辛苦，结果使企业经营得并不好。

企业家大部分的时间做了自己不该做的工作，没有抓住战略。战

出现这样问题的主要原因是？ 企业家大部分时间做了自己不该做的工作 没有抓住战略，战略就是定位

略就是定位。我们说世界是精神的，更是物质的，物质是创造的，创造是有规律的，规律是可以掌握的。如果我们掌握了规律，预测到了未来，在未来竞争当中就可以占得先机，也就是说我们要用定位理论做好布局。

企业没有创新就没有未来，显然，“大者恒大”这种说法已经过时，“大者恒大”只是自我的想法，没有从竞争的态势和未来的趋势考虑。按照定位理论来分析你的机会在哪儿，你的商业模式如何改变。

在过去的竞争当中，可能是因为跟众多小企业竞争的关系，你占得先机并成为优秀者。但是在下一轮的竞争中，有可能因为你的优秀和不能空杯心态，你的学习能力就很难达到卓越。在今麦郎的发展过程当中，我本人很喜欢创意也很喜欢产品，过去很多年包括现在，我就是今麦郎公司第一产品人，今麦郎 80%、90% 的商标都是我亲手写出来的。

今麦郎在发展的过程当中，也有不少案例。但是成功的少，失败的多。比如从华龙到今麦郎的转身，就符合里斯团队讲的：一个新的品类，一定要启动一个新的品牌。原来华龙是低档面，如果你做高档面的时候再用华龙，虽然你的知名度很高，但是你的美誉度不够。

又比如这两年白象大骨面。大骨既是白象的资源，也是它的包袱，因为大家都知道大骨面是低价位的面，当你延伸到高端的时候，

你的广告是无效的。所以几年下来，白象在大骨面上投了几个亿，现在收效甚微，负债很重。

从华龙到今麦郎是成功的。但是我也有失败的案例，“辣煌尚”是失败的。用辣口味做分化取得了效果，但是在那个阶段由于我没学定位，运营配称没有跟上，结果我的“辣煌尚”没有成功。所以从定位的角度，定位不是胜利的全部，但是一定是迈向胜利的第一步。其次就是做好企业的运营方针。

主导品类的三种模式

现在在行业内部，要么开创一个新品类当领跑者，要么占领一个品类做成老大，要么发展一种新的商业模式。

开创一个新的品类当领跑者。比如说今麦郎的“一菜一面”就是一个高端方便面的品类。

占领一个品类做成老大。比如说在农村销售一块钱的水，整箱12块钱，这个品类的竞争我认为就是规模的竞争，看谁做得有规模，

看谁做得成本更有优势。因为对于这个价位段的水来说，品牌驱动购买的成分比例相对低。

要么发展一种新的商业模式，我们看到现在城市里的小黄车就是一种新的模式。定位是预测到未来的一门必修学科，因为它是一个抽象的思维，如何在抽象思维当中找出它的规律，至关重要。

从企业来说，定位者胜利，不定者出局。今麦郎 2013 年导入定位，2016 年方便面全行业业绩都在下滑，唯独今麦郎增长了 20% 左右，并且 2016 年是今麦郎有史以来效益最好的一年，我们的利润超过了 6 个亿。

我们也发现有很多培训的课程，但是静下心来你会发现，其他的课程要么是解决企业的成本，要么解决企业的运营效率。但是，企业真正需要解决的是创造顾客。对一个企业来说，只有创造顾客是“利润中心”，其他的部门全部是“成本中心”。

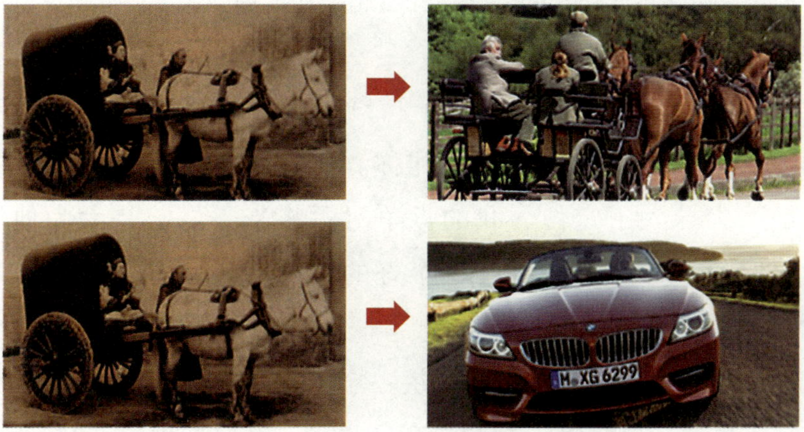

在一个走向汽车的时代，马车无论做得好与不好都是成本。所以我们在企业内部推行战略的时候，一定要想清楚哪一个战略才是我们的核心战略。创造顾客是我们各个企业的核心战略。降低成本、提高运营效率，需要做。但是这叫做“过日子”，不叫企业的方向。

定位战略引领运营

产品的最大价值不是产品本身，而是它是否推开了消费者心智的那扇门。

几年前我看到别人做的产品很多，别人做什么我就想做什么，结果搞得很累。如果你没有符合定位的产品，盲目地追随，只会给对手抬轿子。所以我们一定要理解真正的定位，要推开消费者心智的那扇门。

消费者消费你的企业吗？不消费。消费者消费你的品牌吗？也不消费你的品牌。但是消费者消费你的产品，只不过是用你的品牌去做表达。我们都讲经营之道，我认为经营之道就是定位。大家想一想，说经营之道是利他人，经营之道是做慈善，如果你没有一个好的定位，没有一个好的企业发展，你想做慈善，恐怕是心有余而力不足。

再一点，企业只要有了一个持续发展的定位作为战略，其余要做的工作只不过是你的运营配称。今麦郎这几年有一个好的发展，是因为导入了定位。我的竞争对手将来不好，是因为他们没有学习定位。如果未来我有一个好的运气，最好竞争对手永远不学定位。

从战略定位上讲，首先要解决一个“头”的问题，也就是品类、语言钉、品牌、包装等。第二是产品本身，里斯先生讲：“竞争的核心在顾客的心智”，是认知之争，而不是产品之争。我认为里斯先生所讲的这句话不是说你的产品做得不好，而是想告诉我们产品本身是企业内部的事情，就应该做好，一定要让产品自带光芒。再一个就是你的渠道和营销模式，这样就能形成一个运营配称，来保证你的钉子打得更深。

今麦郎的三次创新

1.“一菜一面”的品类创新

目前，今麦郎品牌方便面是输给康师傅的，同样的产品和质量，我卖的价格必须低。如果卖同样的价格，我必须品质更好才能生存。为什么？因为康师傅的品牌力超越今麦郎。

“一菜一面”应该叫一个品类，启用了新的品牌叫“老爸厨房”。为什么这样做？从华龙到今麦郎是一个提升。“一菜一面”可以叫方便面的第三代产品。第一代产品就是上海益民四厂引进的日本方便面流水线，包括北京的“大红门”。第二代方便面以康师傅牛肉面为例，有了酱包。第三代就是“一菜一面”，把炒菜导入到方便面中，把航天食品低温真空干燥技术导入进来。

为什么叫“老爸厨房”呢？就是想用五年、十年的时间打造一个新的品牌。包括我们的包装，应该是什么样子？我认为包装首先是传播战略，第二才是吸引眼球。如果一个包装能做到既传播战略又吸引眼球，当然更好。但是我们内部在争论，说这个包装无法表达美味。那我就要创造跟别人的差异。

有时候我们看竞争，不能光看我们企业自身，还要从行业中来分析。你如何在货架上与众不同。劳拉女士讲了视觉锤，讲得很透彻，所以这款产品我认为是一个具有未来的产品，值得用五年、十年的时间去培养。我们推广产品也像家里过日子一样，它一出生就得用五年、十年去培养。

但是，有的产品我们是当下就要赚销量，你没有当下赚销量的产品，你无法赢得未来。最近我们上了一个蘑菇炒肉，把肉加进去，做出来一年不变质，下了大力气，光做这个产品已经做了三年了。

为什么张云老师说新品类最好滑翔式启动，要给其他部门留下修正迭代升级的空间。一个新产品，特别是具有强大未来的产品，需要你的技术一步一步地成熟。有时候，快就是慢。

2. 饮料的品类创新

今麦郎软化纯净水，它是深度过滤的纯净水。当我们检测水的时候，它的金属离子含量在1%左右，一般自来水在200%多。我们的河流、江河、湖泊污染都到50%，60%。由于它深度去除了水中的金属离子，所以每500毫升水的重量小于499.8克，这款水价格不高，但是普通的水都是臭氧杀菌，臭氧杀菌的水多多少少含有硫酸盐。这款水你一喝就是水的本味，很受大家的欢迎，说明它具有未来。

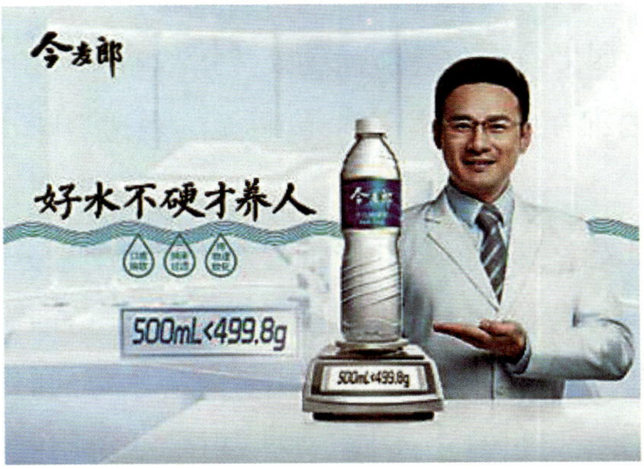

在国内，我认为具有未来的一个小单品，一年的销量应该至少过10个亿。如果一个大的单品，在国内应该起码过50亿元。当然也要根据行业而言，比如汽车跟方便面当然不同。在饮料上，应该

过100亿元才能算一个大单品。像今麦郎这样网络比较大的企业，应该过10个亿，不超过10个亿，它就不是具有未来的产品，都应该逐步减值、淘汰掉。

这几年，我们和里斯团队的合作，创造了几款非常棒的产品。大家知道2017年行业竞争非常激烈，我们有一款水产品叫芒顿小镇。对两块钱的水冲击很大，诉求“轻口味，轻起来”，代表一个好状态。芒顿小镇有张云老师的功劳，这款产品在今年需要提前一个月交款排队才能拿得上货，这就是定位的威力。

3. 今麦郎的品类创新

2013年导入定位的今麦郎，当时今麦郎的产品很多，王刚老师经过市场的分析，聚焦了今麦郎最有竞争力的一款产品：大今野。去年我们导入了“一桶半”产品，方便面就像快餐一样，“实惠”这个词在消费者认知中是非常有分量的一个价值点。

这个产品导入市场之后一年多的时间，我看了一下2017年1—4月份的销量数据，比2016年同比增长了97%。当然这个产品也非常好，同样价格竞争对手80克、85克，今麦郎120克，并且用的是小麦的第一道。

目前，今麦郎有五大事业部：方便面、

饮料、挂面、小麦粉加工，还有一个综合加工。我认为未来十年食品行业将出现一批世界级的企业，这批企业一定是中国领先企业，同时民营企业会更具活力。

感谢里斯先生、劳拉女士的定位理论，以及今天看到他们全家对行业所作出的贡献，对中国经济的贡献，对中国企业的贡献。同时也感谢里斯团队的张云、王刚老师。

谢谢各位！

老板电器总裁任富佳现场演讲

CATEGORING STRATEGY AND ITS PRACTICE IN CHINA

老板电器总裁任富佳：

千里品牌路，始于退一步

尊敬的里斯先生、劳拉女士以及今天在座的所有嘉宾朋友们，大家下午好！今天我很荣幸能够站在这里跟大家来分享在过去几年当中老板电器运用定位理论的心得体会。

今天我讲三个部分，第一部分：突围。我想简单回顾一下 2012 年跟里斯合作以后，关于定位理论，我们在实践过程中的一些思考和体会。第二部分：未来。跟刚才今麦郎范总的有些观点还是非常高度一致，我也非常赞同他的一些观点。第三部分：总结一下我个人对于定位理论的理解。

第一部分：突围

介绍定位理论之前，首先介绍一下在 2012 年我们跟里斯的合作以及我们当时的背景。当时对整个公司来说，有几个关键词已经形成了非常鲜明的印象。

第一个是聚焦厨电

2012 年之前，我们是要做一家专业化的公司，必须只能聚焦在厨房电器，很多嘉宾会问，你们为什么会聚焦厨房电器，有什么来由？我想告诉大家，我们血的教训告诉我们，接下来的日子里我们必须聚焦厨房电器。

我们公司成立于 1979 年，从五金件起家，当时做过电风扇的叶轮，也做过冰箱的外壳。但是因为配件利润非常低，几年后我们决定要做吸油烟机。当时我们用一番功夫开发出来之后，发现销路非常好，增长也非常快，于是我们就得意忘形了，向更多的多元化产业进军。我们做过保健品，做过 DVD、VCD，做过音响，做过很多的家电品类。但是好景不长，经历了将近七八年的时间，到了 1993 年、1994 年的时候，由于我们体制的关系，过度多元化的关系，我们主业竞争力散失，烟、灶等主要业务开始出现急剧的下滑。

1998 年，我们跌到谷底。排名已经排到了第十位，几乎是末位。所以我们在 1998 年的时候痛定思痛，在哪里摔倒就在哪里站起来。

同一年企业开始改制，在产品品类上做了非常大的调整，砍掉所有跟吸油烟机无关的所有品类，包括灶具、消毒柜，只做一个产品，就是吸油烟机。通过品类的聚焦，公司把资源围绕在吸油烟机这个产品上，短短几年时间，我们又回到行业前三的位置。后来我们觉得我们应该做厨房，厨房有太多东西了，又上马了小家电、电磁炉、电饭煲等，坚持了十年时间，我们最终放弃了，这个项目也是失败了。

我们从中总结出来一些经验，今天跟大家分享。

从那个时候开始，我们就给自己定了三个原则，如果我们要进入新的品类必须符合这三个原则。

第一个原则：市场竞争度。如果这个品类、这个市场已经产生稳定的第一、第二名了，那我们再进去的意义就不是很大。

第二个原则：渠道重叠度。这也间接代表了我们的能力边界和能力范围，如果我们做的新品类是我们原来的渠道之外，要扩充新渠道的，那对我们经营的风险也是比较大的。

第三个原则：品牌的延伸度。在放弃小家电之后，我们确定了这三大原则，要进入新的品类，必须先综合考虑这三个维度，来判断这个品类到底该上不该上。所以在 2012 年之前，我们企业非常明显地聚焦于厨电，包括每个员工心里都非常清楚，这是当时的第一个特征。

第二个特征是定位高端

其实之前我们对高端是没有概念的，虽然我们的产品卖得高于行业平均价格的 40%，但我们首先觉得应该是生产更好的产品给消费者。

为了强化产品和品牌的竞争力。在 2010 年的时候我们进行 IPO，自从那个时候开始，公司无论对内、对外，我们就确定高端是我们企业的定位，而且我们从消费市场和资本市场都获得了认可。其实从 2011 年以后，我们对外宣传高端并不是很多，我们更多对内部强调高端，目的是要创造出质量更好、更稳定的产品推出市场。

第三个特征是数一数二

在跟里斯合作之前，很多数据采集不是非常规范，基本上不是第一就是第二。其实在我们 1999 年转型之前，整个行业很长一段时间处于三强鼎立，前三家都非常强。但是，随着其中有一家慢慢退出竞争，变成两强竞争的局面，彼此都有超越对方的心理。我们如何在数一数二中变成第一，这也是我们碰到的问题。

基于这三个特征，我们面临的问题也是非常多的。

第一个问题，我们跟竞争对手，两家企业非常像，都是聚焦于"厨电"的企业，都说自己是非常专注和专业的，而且整个公司资源的配称也是向大品类集中。

第二个问题，两家都是定位于高端的品牌。跟竞争对手比，再怎么比差异化，也可能不像其他行业能找出一个非常鲜明的独特的点。因为两家的战略是非常接近的。从市场竞争上也能看出，不管是从销售额还是销售量，跟竞争对手比也是处于长期胶着的状态。

2012 年我们开始跟里斯合作，开始进行品牌战略的梳理，在战略品牌梳理的过程当中，我们跟里斯团队之间也有摩擦，内部之间也有非常大的阻力，围绕我们的关键路径有最主要的两场争论。

第一场争论：关于聚焦厨电

我们自认为已经非常聚焦，只是做厨房里面一个耐用电器的生产制造、销售及研发。但是里斯给我们提出，我们不光要聚焦于厨房电器，而且要再聚焦，成为吸油烟机的代名词。那个时候我们的经营团队，内部的矛盾是非常激烈的。

从 2012 年开始，虽然其他品类的体量不是非常大，但是我们也百分之百地预测到这些品类在未来可以非常快地持续增速，如果聚焦宣传吸油烟机，大家只记住吸油烟机，会不会对我们的其他品类有影响。如果我们进一步聚焦会不会影响我们未来的发展，这是一场比较激烈的争论。

首先，通过大量的消费者调研和访谈，我们确实也认同了“厨电”不是在消费者心智当中存在的品类，厨房电器这个词的由来，更多是行业以及企业自身给它的定义。所以这一点是最重要的，打动了我们内部。到后来我们也坚信，“厨电”不是一个品类，而只是一个泛称。

其次，战术目标不等于战略目标，聚焦与传播声音的区别。我宣传什么跟我做什么是两码事，最典型的我们经常跟人家说得最多的就是必胜客的披萨，所以传播什么跟做什么生意可以分开来。

之前的经验也证明了当时靠吸油烟机这一个产品打天下的时候，也获得了灶具以及其他“厨电”的销售，灶具跟吸油烟机是最大的刚需品，包括消毒柜等其他产品，这也证明吸油烟机是能够带动其他品类的销售的。

第二场争论：定位高端

当里斯提出来要我们聚焦于吸油烟机以及“大吸力”的定位，我们都不赞同。因为我们是做吸油烟机的，吸油烟机的第一属性是吸油烟，肯定吸得干净，把这么一个基本的属性拿出来做宣传，会不会显得我们不够自信。

后来里斯又带我们进行了关于定位的思考。

第一点是把战场引进自己的主战场。那个时候由于竞争对手非常大面积地投放广告和高端品牌的宣传，我们觉得自己已经没有太大的优势。但是对于大吸力我们是有优势的，在 2007 年的时候，我们率先于行业推出了一款新品，那个型号是 8210，是行业中首款风量突破 17 立方米 / 分钟的产品，这是性能上的提升。

第二点是打破了行业价格的瓶颈。那个时候吸油烟机卖 3 000 元左右，我们一个产品单机卖到 4 000 元，这一突破给了我们的品牌和销售一个很大的帮助。

第三，我们当时考虑风量只是一个指标，如果我们只谈风量，会不会最后造成军备竞赛。因此，把大风量调整为大吸力，大吸力不光包含了大风量，还包含了风压、排烟能力等。我们希望从大风量延伸到大吸力，提升综合能力，而不是某个单一指标。

第四，我们对高端定位作了重新认识。我们没有放弃高端，我们只是告诉消费者，我们凭什么卖得这么贵，因为我们的产品性能好，吸力大。

成功的战略来自成功的战术。跟我们以前接触的很多咨询公司比，里斯是最为接地气的一家公司，它往往能够挖掘我们在战术上成功的某几个点，然后再把它引到战略层面上，把它放大，变成整个公司的差异化战略。

最后请大家看一下我们跟里斯合作的效果。我们开辟了“大吸力”的赛道，第一个起步，就赢在了起跑线上。

2011 年到 2016 年，大吸力油烟机市场份额从 16.20% 发展到 51.02%，得到了非常迅速的发展。这个得益于我们，也是得益于行

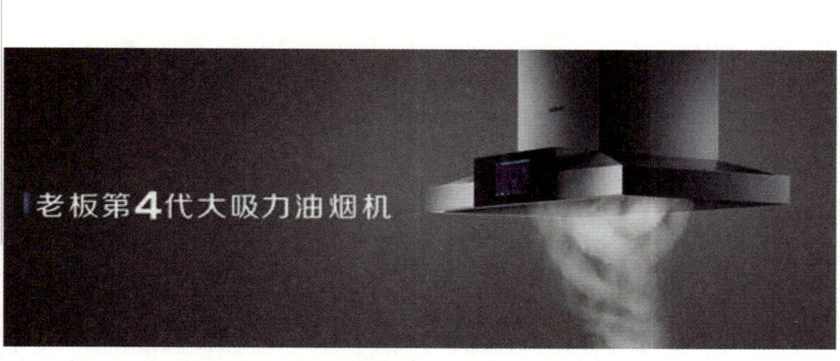

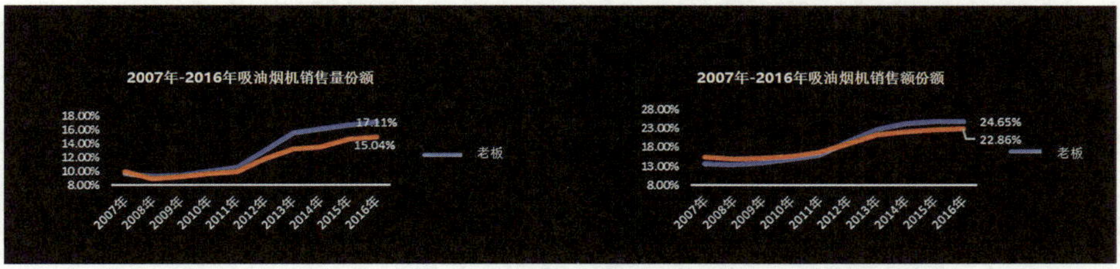

业其他同行品牌的快速跟进，大家一起打造了油烟机里面最重要的品类。看看我们自己的表现，我们 2011 年的时候，在大吸力市场上占据了 72.4% 的市场份额，在 2016 年的时候，我们虽然只占据了 47.8% 的份额，但是 2016 年整个大吸力油烟机在整个油烟机品类已经超过了 50%，所以两者如果相乘的话，2016 年比 2011 年整体油烟机占有市场份额几乎提升一倍还多。

第二部分：未来

2017 年，我跟很多企业家交流，特别是以产品导向为主的企业家交流时，我发现很多共性的问题——我们知道聚焦很重要，而且靠聚焦获得了行业第一、第二的位置，但是他们很迷茫接下来该怎么走。

首先我个人觉得，做企业我们都希望做一个领导者，因为我们能获取利润和规模。当然我认为最重要一点是，作为领导者，有一个非常重要的属性，就是抗经济周期的能力以及抗风险的能力。我在公司内部讲话当中始终强调，做公司不能做一个靠天吃饭的企业，领导者不能等风来，不能靠天吃饭，不能说大环境好你就好，大环境不好你就不好，我们要靠差异化经营尽可能对冲这个周期。

CCS CENTRAL CLEAN SYSTEM
中央油烟净化系统

我们是怎么做的呢？

第一，吸油烟机是我们产品的能力和边界的范围，我们要颠覆自己。我们一个新的产品 CCS 中央油烟净化系统，通过公用烟道上面的主机，把公用烟道变成负压，所有的动力输出都是在楼顶上的主机，这个主机把收集起来的所有油烟经过净化排放到大气当中去。

第二，也是对于我们未来的洞察。我们觉得颠覆我们这个行业或者品类的，不是新技术，也不是像小米或其他企业的新模式；也不是房地产调控。我认为，唯一可以改变我们这个行业现状的是整个精装修的进程。精装修这个政策会直接影响到我们的行业，B 端生意比 C 端生意更难做，他们是专业的用户，他们可以把价格拉得很低，更看中差异化的产品以及服务。所以为应对 B 端而开发的一个差异化的产品——CCS 二代产品在 2016 年推出的时候，获得了房地产商非常好的认可，我们相信这个产品和品类最终会给我们企业再次的增长起到一个非常大的助力作用。

我们还要预测自己可预见的未来。里斯先生说："聚焦经营，就是预测未来所在，采取特定步骤，促使未来实现。"

我们在三个方面做得都不够好。第一是预测未来的能力。第二是采取特定步骤的能力，也就是制定战略的能力。第三就是促使未来实现。什么叫促使？就是要下定决心把我们的战略执行到位。中国企业的未来，我相信只是靠品牌聚焦、产品聚焦和定位是远远不够，我们要把后面的三个短板补上。第一预见好未来。第二战略真的非常重要。第三，一定要有决心跟勇气，一定要把未来引到我们自己所在的主战场和方向上来。

里斯给我们看了很多国外家电企业的案例，发现了很多都有共性，包括 GE。20 世纪 60 年代 GE 定义了美国厨房，以电器来代替

我们的人力。西门子定义了欧洲厨房，把嵌入式产品推出市场。松下定义了日本厨房，电化厨房，没有天然气。在国外，很多家电企业都是靠厨房电器起家，而且厨房电器的占比超过50%、60%。这给我们带来了非常大的信心。通过聚焦吸油烟机、聚焦厨房电器，我们照样可以做到很大。虽然我们现在做的很小，但是未来厨房电器的空间必定是非常大的。

第三部分：我对定位理论的理解

千里品牌路，始于退一步，聚焦成为品类代表，品牌才有价值和力量。当我们发现在前进中很难再进一步时，我们退一步会海阔天空。我们做品牌也是同样的道理。再大的品牌对现在的中产阶级、年轻消费群体毫无意义，只有做强品牌才有意义。强，必须要告诉消费者选择你的理由，以及告诉消费者我这个品牌代表这个品类差异化的特性。

少就是多，聚焦才能产生光环效应，我们聚焦吸油烟机这个厨房电器最大的入口，推动其他的刚需产品也获得非常好的销售，甚至取

吸油烟机	燃气灶	消毒柜
2012年，吸油烟机成为量、额双冠	2013年，燃气灶成为第一	2014年，消毒柜成为第一

得第一名的位置。样样精通，还不如一项做到最好。

同时，产品和技术创新，是定位的基础，也是定位的支撑。大吸力来自产品和技术的不断创新。定位的核心，我认为就是差异化的经营和聚焦经营，差异化表现在哪里？要么产品，要么服务，要么独特的商业模式。但是这些都需要不断的投入，才能保证和巩固你的地位。不管是产品、服务，还是商业模式，大吸力产品也是来源于我们对技术和产品的不断创新。虽然大吸力现在是油烟机的第一属性，未来五年、十年以后还是吗？

相信吸油烟机第一要点就是吸油烟，那么大吸力在不同阶段和不同技术的支撑之下，我相信也会有不同的展示。

我们第四代大吸力是把以前的风压提升了两倍，在第五代的时候，我们肯定有新技术来阐释我们大吸力的技术。只有持续不断地围绕你的差异经营和聚焦去做，不断地投入资源，才能巩固你以前所建立的差异化的定位。

谢谢大家！

环球购物董事长孔炯现场演讲

CATEGORING STRATEGY AND
ITS PRACTICE IN CHINA

环球购物董事长孔炯：

如何连续应用定位理论实现成功

各位都是定位理论忠实的践行者，大家下午好！

今天非常有幸来参加这场活动，我受里斯中国的张总邀请，他希望我来分享一下跟定位理论这么多年合作当中的心得和体会。我觉得，我跟里斯公司，或者说跟定位理论还是非常有缘分的。

我跟刚才几位企业家讲的方面有些不同。第一，关于定位实践，从 2002 年就开始，我曾经有过几个案例。另外，我感觉，定位理论的实践，不光是对企业的经营，而且对企业家自身的定位，甚至跟他的家庭、生活都息息相关。

我出身于传统媒体，在体制内待过很多年。后来下海去投资基金公司，再后来也自己创业，现在做了环球购物。

2002—2007 年：定位理论种子用户的尝试与探索

当时我还在贵州电视台负责贵州卫视的经营工作。今天我们来参加的是里斯成立十周年的峰会，2002 年里斯中国还没成立。张云先生当时就在做咨询的工作，是里斯忠实的追随者，自那时起我们就有了合作。

尽管在 2002 年，但对于一个在中国经济落后的省份卫视来讲，竞争还是很激烈的。2000 年左右，湖南卫视异军突起。2002 年，中央台、湖南台、安徽台，就已经形成了影响全国媒体的版图。对于贵州这样一个偏远的省份，卫星频道如何突围？当时，我们找到了张总，他给了我们很多定位的建议。

当时面临很多选择，做全国？做综艺？做电视剧？还是做一些本地很强的频道？最后，张总给了我们电视台的人都非常难以接受的一个建议——做全国首家定位为区域媒体的省级卫视。张总跟我们分享，如果你要做全国，你就要跟中央台、湖南台 PK。如果你做不了全国最强，那就应该缩小到你足够有影响力的区域里做最强的卫星频

道。于是，我们当时定位为做一个西部区域中最强的卫星频道。

围绕这个方向，我们在节目策略、覆盖策略、广告策略上做了很多研究。

首先在节目上，我们希望做成西部覆盖最好的卫星频道，也做成西部收视率最高的卫星频道，核心来讲就是要做西部传播性价比最高的频道。

广告主在做广告投放的时候，一般的投放是先找一个全国级的频道，做全国级的投放。然后，再找一些在全国有影响力的、大的媒体做投放。最后，找一些市场区域性很强的台。当时，我们希望做到西部十二省中性价比最高。我们做了西部天气预报，做了西部的新闻联播。

这当中有很多蛮有意思的事情：“区域定位”在电视台内部，要寻求共识是很难的。我们要从一个全国性的卫视，聚焦到一个“西部黄金卫视”。这期间，张总也做了很多努力。今天回想起来，还是非常超前的战略。给省委常委、宣传部长讲的时候，我们遇到了更大的麻烦。其实，要从全国做到西部的定位，我们认为是做小了，结果宣传部长觉得，我们贵州卫视做好贵州的事就好了，为什么要做西部的事情？宣传部长觉得做大了。

我们还是做了很多坚持，后来也征得了领导们的同意，做了“西部黄金卫视”这个定位。我们觉得拿下整个西部市场，是人口覆盖很大的市场，在投放西部的时候，你首选贵州卫视，我们的目的就达到了。

围绕广告、宣传做了很多的配套。西部蕴藏着无限商机，当时西部大开发，国家对西部投入了很多财力和物力支持。2002 年，我们在全国开了很多发布会，也跟很多企业探讨，得到了企业的理解。

这几年中，全国很多主流报纸都给予了我们这个举措非常高的评价。对于一个卫星频道来讲，我们是第一家在全国做战略定位的卫星频道。2002 年，《新周刊》评选五星卫视，把贵州台评为其中之一。

这一定位背后带来的是我们的产品定位的改变，节目收视率的改变，传播力效果的改变，以及收入的改变。贵州卫视的广告收入，当时很快升到西部十二省的第二位，仅次于人口大省四川，在全国卫星频道中排名第八位。到今天来看，也是我们排名最高的位置。

在西部黄金卫视的案例当中，我们感觉到定位、聚焦的优势。很多时候你不需要做最大的，而是要做最强的。通过跟张总的合作，我当时从最

年轻的广告部主任，成为中国最年轻的省级台的副台长，那时我 30 出头。从此我们跟张总的合作更加紧密，也对定位理论有了更多的理解。

2008—2012 年：家有购物的品类战略

之后，跟张总又有了另外一次合作。当时我分管电视台的经营工作，其中还包括一个电视购物频道。当时贵州有一个卫星购物频道，是由原来电视台跟市场上的一个投资方共同合资组建的，运营两年就面临巨额的亏损。对于贵州台这么一个国有控股的媒体企业来讲，经营压力很大。当时我是副台长，台里商定要我接手这个公司的经营。

2009 年，我就兼了这家公司的董事长和总经理。我的压力非常大，因为在国有体系里面，感觉每天眼睛一睁一闭 20、30 万元就出去了。

当时，很多顾客购买商品，收到货可能要 20—30 天，服务特别不好，人心涣散，整个公司内部从上到下士气不振。2009 年，我们请了张总到公司做咨询，张总给我们提出一个观点，他认为所有运营的问题都是聚焦的问题。家有购物当年存在的问题是，由于我们没有把力量聚焦在一处，试图做一个大而全的百货公司，试图做很多我们不能控制的产品销售工作。

做了咨询之后，给了一个定位叫做“家居用品，天天特价”，把我们的定位，聚焦在家居用品上面，把不能控制的品类全部砍掉，只剩下家居用品、厨房用品和寝具。当时内部反对的声音是非常大的。

频道把所有的 3C 数码都砍掉了，为此很多供应商跟我们发生了争执。也把很多收藏品、玉器都砍掉，虽然它利润高，但是因为消费者无法鉴别它的质量到底是好还是坏，哪怕真正 100 万元的玉，你 5 万元卖给他，他也无法鉴别，这当中就会产生一些投诉和服务的问题。

所有聚焦的背后，有很多血淋淋的教训。断掉跟供应商的合作，意味着人脉关系都会断掉。而且还有对未来未知的不确定，对于很多卖得好的商品一定要砍掉，产生了严重的怀疑。

当时公司调整了 10 个总监，在这种高压政策之下，公司内部的人也明白了：在定位的认识上，不是讨论的问题，而是坚持的问题。我们也派了多个核心团队到上海进行封闭式培训，让大家接受这种举措。

在这一配套之下，家有购物从 2009 年亏损了 1 个亿，到 2012 年净利润 1.2 个亿。到现在当年参与过这个过程的人，都非常地感谢张总以及里斯中国团队。

从一个媒体人，到管经营、管广告，再到具体做企业，我都有很大的触动。一个企业只要有一些很能干的人，一个正确的思想，能够集中你的资源去做，就可以获得很大的成功。我有在三年之内让一个企业从非常大的亏损变成非常大的成功的能力，也对自己产生了更大的信心。所以，从 2012 年之后，我从省台副台长的位置辞职下海。

2012 年，刚好一个朋友在上海做华人文化产业投资基金。当时的董事长找到我，同年我在华人文化产业投资基金 CMC 做了董事总经理。

我 2012 年交了辞职报告，省委领导不同意，一直拖了我半年才批。这是我唯一一次开后门让我走。在这一年当中我到了华人基金，看了很多和文化相关产业的创业企业、投资企业。我看得越多，想得越多，就感觉与其用钱去投资别人，还不如投资自己。所以，我在2013年从基金公司再一次辞职，去开拓了现在的企业“环球购物”。

2013年：环球购物定位战略实践

做环球购物的时候，也跟张总做过咨询合作。通过贵州卫视、家有购物的合作，我们成为很好的朋友。我在做重大决策的时候，会咨询他的意见和建议。从电视台辞职到基金，是一个非常大的决策；从基金再辞职出来，对我个人和家庭是冒了很多的风险的。因为基金公司，还是有很大的保障的。

从走出体制开始创业，我就在想应该干什么。我离开体制的时候38岁，觉得拥抱了自由，什么事都可以做。有很多人来找我，希望我做这或做那。我征求了张总的意见，张总觉得还是要聚焦，人要发挥自己的优势，把自己最强的优势发挥在自己能够掌控资源的地方、能够最快出成绩的地方。

所以，我就找了一个新的创业起点。在媒体里，我是最了解零售的，在零售业里，我是最了解媒体的。所以做了一个电视购物公司。

但是在2013年，做电视购物已经不是一个容易做的决策。在这一年当中，我们的愿景是做一个全球闻名的媒体零售集团。但是对于媒体来讲，电视购物这个行业面临电商如此巨大的竞争，我们到底有多大的空间。这个当中我们也做了很多的研究。

我在几年前写过一本书《传媒盈利模式》，把媒体盈利模式分成三种：靠卖广告的，靠卖内容的，靠卖渠道的。

一般广告逻辑是在脑袋里面打一个品牌的烙印，比如：沃尔沃是

最安全的汽车，当消费者想买安全的车的时候，就买沃尔沃。而媒体零售逻辑是这样的：开始你并没有想到买这个东西，媒体向你介绍这个东西之后，你产生了购买的冲动，然后才发生购买行为。从某个角度来讲，它具有媒体引导的作用，所以是一个创造消费者需求的事情。这是媒体零售行业跟一般零售行业不一样的地方，一般百货公司货架是没有引导消费者消费的能力的。

但是对于媒体，无论是电视，还是平面，都是具有消费引导能力的。而好的公司是能够创造需求的公司，这种创造需求的能力，就可以使非常有创意的产品、很多中小企业的产品、很多新上市的产品，在这个平台上找到更大的销售能量。

从媒体盈利模式来讲，有一个选择的价值。关于选择的价值，我要分享中国几个比较大的零售消费的事件或者大概念。

中国淘宝的崛起是在2000年左右。其实淘宝与其说给了很多商品让消费者去挑选，特别是让很多二三线城市的消费者去挑选，不如说它给了一个中国老百姓以前没有的观念，就是中国老百姓有更多选择商品的权利。

因为人们一般都是被选择的，无论是我们上学，还是去医院，都是被别人选，而很少有自己选择的主动权。有了这么一个平台，人们在上面不断去选择的时候，就产生了巨大的爆发力。这是我对淘宝这个零售平台，从另外一个角度的看法，我认为它是满足了人们选择的深层次的需求。

当年还有一个同样的媒体事件，就是“超级女声”。超级女声在当年创造了收视率奇迹，有非常大的影响力。“超女”是第一个把评委从青歌赛的专家评委变成全民评委的电视节目，为此“超女”上了当年美国的《时代周刊》杂志。

这两个案例说明：对于当年老百姓来讲，选择是一种收益，不是成本，大家愿意花时间去选择商品获取自己的价值。但是中国经济发展到现在，中产阶层大量崛起，中国社会需要讲品牌，供给侧结构性改革，选择已经变成了成本而不是收益。

大家希望有更多、更好的商品，别人选择好，给他去呈现，这种转变是中国制造业从成本中心到品质提升的关键性转变。电视购物是满足这种需求的，它让你的购物变得更加简单。电视购物有很多买手，对所有商品都精挑细选，选择性价比最高的一个推荐给消费者，能够产生很多的爆款产品。

选择做电视购物的另一个原因，是我认为电视购物企业能够成就大型的媒体零售集团。在中国做时代华纳这样的媒体集团，基本是不可能的，但是做一个以媒体零售为主体、像“美国自由媒体集团”这种企业，在中国还是有可能的。

全球的每个国家基本都有一个电视购物公司，进入这个国家 B2C 的前五。如果在中国进到 B2C 前五，就是能够跟天猫、京东、苏宁易购 PK 的企业。所以我认为它还是有很大的空间的。

做了环球购物之后，具体做哪些工作呢？第一，还是选择聚焦，我们希望以家居用品为基础，做品类的战略升级。中国有大量的消费者，愿意到日本去买马桶盖、电饭煲，不是消费者没有钱。国家希望中国要成为消费大国，要把消费留在国内，现在反而把消费弄到国外去，大家都出去旅游，旅游回来买了很多的电器。如何把中国从最大的制造大国变成最大的品牌大国？要让中国成为最大的消费市场，让消费者愿意消费更多的中国品牌。

环球购物 GHS.NET
全球家居用品特卖商城

还有一个非常明确的观点，就是“少就是多”。一定要做少量商品的放量，集中力量做爆款。我们做了一个定位，“全球家居用品特卖”，为此我们做了大量的工作，环球购物现在的进口商品占到差不多一半的份额。我们努力提高客单价，现在客单价可以到 1 000 块钱。这对电商来讲是非常高的，在电视购物企业中也是非常高的。

让我们的生产企业有更好的利润空间，让我们的消费者有更好的消费体验，让我们的零售平台也有很好的利润，这是一个零售渠道需要做的事情。一个零售渠道，相当于一个社会的血管，相当于一个社会生产企业的高考机制。如果一个零售企业能把好的商品在渠道上呈现，让好的商品卖得更好，有更多利润，那么这个零售渠道就是好的。

当一个平台能够卖更贵的商品时，就说明你的产品质量是非常好的。我们卖了很多炒菜锅，有很多是进口的，几千块钱一个，质量非常好，消费者口碑也非常好。我们也卖了很多中国企业的家居用品。人人都希望物美价廉，但以一个正常的商业逻辑来讲，其实是优质优价的，更好的质量，更好的价格。

但是，今天中国很多电商平台的逻辑不是这样的。电商平台中多以纯粹价格优先。价格优先是没有问题的，但价格优先你对质量的考评标准如果不严格，让这个平台上有很多伪劣的产品，消费者没办法分辨产品好坏的时候，价格优先就会变成噩梦，会让所有中国制造业全部没有工匠精神。因为它没必要耐心生产一个好的商品，当它做好一个商品之后，所谓的同款在上面同样呈现，价格只有它的三分之一、五分之一，甚至十分之一的时候，会摧毁中国的制造业。

在中国电商的比价机制背后，没有对品牌的严格把控，我认为多年以后，时间会验证这个模式对我们国家的整个经济是一个灾难。好在我们跟很多领导沟通的时候，我觉得政府主管部门也看到了这样的趋势，他们也是希望中国在产品上有更多的品牌诞生。

通过几年的定位实践，以及里斯公司对我们的帮助，环球购物成长为中国电视购物行业增速最快的企业。用三年时间，冲入了全国前三，这是非常不容易的。今年我们是第四个年头，在这么激烈的零售行业当中，今年我们应该有一个非常高的利润，会有接近两亿元的净利润。

2016 年，手机端视频购物平台“聚鲨商城”启动

手机端是中国或者是全球大家耗的时间最多的地方，唯一能让人离开一米，心就发慌的东西。我们在思考环球购物怎么在新的移动端上发展。于是，我们做了品类分化。2016 年 6 月，推出了全国移动视频电商的平台，上面所有视频运用了新的技术，占用流量非常少，做了新的手机端品牌，叫做“聚鲨商城”。

在推环球购物的时候，我们用的色彩是紫色。当初做这个事的时候，我们把全世界的电视购物频道看了一遍，看什么颜色最特别、最有冲击感，后来找到了紫色。

我们还做了新的视觉锤，或者说是新的品牌呈现，找了一个鲨鱼的形象。我当初提出这个形象的时候，公司一片反对声。我的品牌总监强烈反对，他不光反对，还去咨询了台湾一个很著名的广告公司，说不能用鲨鱼，鲨鱼太凶狠了。

最终我还是坚持。我们研究了一下中国的电商都是陆地上的生物，从天猫的猫，到京东的狗，到苏宁的狮子，都是陆地生物。中国是内陆国家，这个当中我们觉得要跟国家的战略符合起来，我们要做“一带一路”，要走向海洋，所以选择了鲨鱼。

人要向最强的生物去学习，事实证明我们做了鲨鱼之后效果非常好，大家印象非常深刻。我们觉得鲨鱼有很多精神，第一鲨鱼是海洋中最强的生物，但是鲨鱼是生物当中唯一没有硬骨头的。你能想象一个全身是软骨的生物是一个强壮生物吗？后来我明白一个道理，就像做企业一样，你要去适应环境，只有不断地适应环境，你才能做到最强。

第二个特点是，鲨鱼最坚强的武器是牙齿，鲨鱼一生当中要换三万颗牙齿，基本上一排一排地掉，第一排掉了第二排上去。我觉得这个对于企业来讲，就像我们的学习能力，要不断地学习，不断地更新，才能不断地强大。

第三，鲨鱼是鱼类里面唯一没有鱼鳔的，它必须要不断地游动，不动就会沉底。就像我们做企业的，最强大的企业必须要比别人更努力，因为不努力，你死得比别人更惨。

我们今年会顺着“一带一路”走出去。今年会在中东、非洲、东南亚，开设新的购物中心和新的购物频道。在座有很多中国非常优秀的企业，希望我们能够一起打开中东市场、非洲市场、东南亚市场。

这些市场有广阔的天地！未来的十年、二十年、三十年，中国会有更多的产品走向世界，有更多的品牌走向世界！因为区域性的品牌很难成为大品牌，只有成为全球性的品牌，才能成为巨大的品牌。

最后，我觉得定位不光是一个企业经营的问题，也是企业家的哲学思想。对一个企业家来讲，企业其实跟你的生活是分不开的。一个优秀的企业家，很多时候就是为这个企业而生的，你对企业的经营思想，深刻影响着你对家庭的思想、个人生活方式。大家是不是能够坚持“少就是多”？大家在追求财富的时候，是不是一定要越来越多？追求利润的时候，是不是一定要越来越多？有些东西是不是要回到原点，要回到把企业真正做强？这当中定位的理论、定位的思想，对我整个人生观和生活方式都有深刻的改变。

我跟里斯的合作从 2002 年开始，也是从那个时候开始实践定位理论，一步一步，非常成功！我认为这个理论，也帮助我个人从电视台的一个中层管理者走到高层经营者，到下海、到创业，一步一步走过来。我希望我个人的成功，也是我家庭的成功。

谢谢大家！

君乐宝乳业总裁魏立华现场演讲

CATEGORING STRATEGY AND ITS PRACTICE IN CHINA

君乐宝乳业总裁魏立华：

废墟上的崛起

尊敬的各位来宾，尊敬的张云先生：

非常荣幸，也非常高兴能参加里斯中国举办的第三届定位中国峰会。跟在座的各位比，我们君乐宝应该是跟里斯合作时间最短的，到目前刚刚一年左右。但是在这一年的时间里，我们从方方面面，包括产品、市场、未来的发展，跟里斯团队都达成了很多的共识。今年上半年，我们的一些市场已经有了很大的好转。

前段时间，张云总经理给我打电话，请我到峰会上做个演讲。我说："我不能做演讲，我们的定位刚刚导入，还不知道怎么定，是什么样一个结果。"但是张云老师说，大家想了解一下君乐宝奶粉的公关是怎么做的。

张云的意思是让我在咱们这个会场讲：用公关点燃品牌。我说这个名字不太好，公关有点像拉关系、送个礼。君乐宝奶粉的成长过程中，公关只是一方面，它并不代表君乐宝奶粉整体这几年崛起的过程，后来我临时起了一个名字叫做"废墟上的崛起"。

我们是河北石家庄做牛奶的企业。我想今天在座的80%的人，都会有一个联想，想到两个字：三鹿。石家庄是中国最大的食品安全问题爆发地，也是全世界影响非常大的爆发地，重新做奶粉可以说确实需要勇气。

昨天，我们君乐宝的酸奶进驻了机场贵宾室。有消费者聊着聊着就说"你们三鹿奶不错"。我说：九年了，你们还想着三鹿。

废墟上的国产奶粉

1995年，我个人投资9万块钱做了君乐宝乳品。1999年，三鹿是全国最大的乳品企业，它要进入液体奶市场，在2000年时就用三鹿这个牌子占了我们29%的股份，之后又投了70万元，一共占34%

股份，成为大股东。还有我们当地的一个乡镇企业占了33%股份，合作了8年。三鹿出事以后，我们又回购了它的股份。

其实三鹿是做奶粉的，我们是做酸奶的。但是三鹿事件，直到昨天还有人在说，确实造成了非常大的影响。为什么产生三聚氰胺？这是行业不规范的竞争造成的。过去有一种说法是：产品生产出来了，中央电视台一打广告（就卖出去了）。

2003年到2008年中国乳业快速发展，每年以百分之三十几的速度在递增。而我们的奶源基地增长速度缓慢，这种状况下大家互相抢奶。奶的价格从一块八涨成三块五。我今天一块八，那边可能就出一块九，你出到一块九，他那边就出两块。很多人觉得这里面有利润，都开始往里头钻。

在2005年之前，我们收奶检测不合格都是要加色素的。往奶里一投，这一车奶就变红了，唯一的办法就是把不合格的奶拿回去喂猪。到2008年，合格的奶贿赂化验员，开一个不合格的证明，就能把这一车奶拉走，这一车奶多挣一千块。这种乱象造成了奶源出现问题，最后造成了三聚氰胺事件。

对于河北来说，三聚氰胺事件是非常惨的，从市委书记、市长、常务副市长，管工业、管农业的副市长被全部免掉，50多家乳品企业全部停产。我们算是非常幸运，停产了13天，这期间有工信部，有省政府的工作组，进驻我们工厂，看工人怎么处理。第一个月要给工人全额工资，第二个月要给工人80%工资，第三个月要给工人不能少于60%的工资，意思是让工人解散。

后来奶太多了，所有工厂，包括国内大的乳品企业，牛奶卖不动。牛奶没地方交，就拉到政府门口，把奶罐车一停，一车一车的奶全流到政府门口。政府拿着摄像资料报到省里头，省里不敢作主，报到中央，中央允许企业赶紧收奶，我们这样才算生存下来。

今天我站在这儿，非常激动。这 8 年来，我从来不去公共场合，从来不做演讲，所有 MBA、EMBA 我从来不去。去了，基本上 100% 的老师都讲三鹿的事。三聚氰胺事件几乎让所有的乳品企业都垮了，只剩下两三家。所以我说，我们是在废墟上崛起的。

三聚氰胺事件，对消费者伤害太大，很多报道都在讲顾客到国外买奶粉。驻德国大使回国，他在讲话的时候说，某些留学生在德国被驱逐出境。为什么？孩子留学去了，勤工俭学，突然发现一个好生意，中国人都不相信国产奶粉，都要从国外代购，这几个孩子大量往国内邮购奶粉，旁边的邻居把他们举报到警察局。警察到家一看全部都是奶粉，最后把孩子驱逐出境。

三聚氰胺已经造成一个社会问题，在国外参加国际食品展，中国奶粉几乎没有人去看。最近，我看到一篇报道说，越南的酸奶卖到中国来了。作为一个乳业人，感觉到脸上火辣辣的。我们怎么把奶粉做好，重建消费者的信心，我觉得这是乳业人的一个天职。

2012 年，我去德国杜塞尔多夫参加一个展会。我们公司旁边一家企业是做包装的，他们要到德国采购一台设备，要花一个多亿，老板拿不定主意，请我去看看。后来我去了，当时中国包装协会 50 多

个人下了飞机，很多人都跑到商店里，进去以后一箱一箱地拿奶粉，老外就很纳闷，怎么中国人都这样。我作为一个乳业人，心里很无奈，真的很没有面子。去的时候我带了一盒名片，那 15 天我一张名片都没敢发。

从那天起，我就有了一个想法，君乐宝要做奶粉。我们一定要把奶粉做起来，不能再这么丢人了。这么大一个国家，做不好奶粉，连为下一代的食品都做不好，是乳业人的耻辱！我说：你乳业人再说自己多大多强，也是没有脸面的，我们君乐宝要下定决心把奶粉做好。

君乐宝做奶粉的三个“不可能”

1. 地点不可能

怎么去做？我是做酸奶出身的，没做过奶粉。我亲自聘请了猎头公司到全国去挖做奶粉的人才。我说，必须有十年以上乳业方面管理经验的，最后选了一个总经理。

这个总经理来了以后，我说，你要什么资源我给你什么资源。后来，这个总经理组织了一个团队研究了一个月，找我说：我们有一个想法，在新西兰注册一家公司，或者爱尔兰、荷兰也行，在国外生产奶粉，拿回来卖。老百姓现在对咱们不信任，在国外注册公司，是来自爱尔兰、新西兰，或荷兰的，这样市场肯定好，一说老百姓肯定都信。

2. 企业不可能

过了两天，他又找我说：咱们不到爱尔兰，咱们在上海或者北京注册一个公司。你做奶粉，避开了河北，避开石家庄，可能就有成功的机会。我说：不行，现在网络太发达了，一翻股东还是你魏立华。搜魏立华过不了两页，三鹿就出来了。

后来，他又说换个品牌行不行？我说不行，就用君乐宝做。他说："君乐宝一查都是三鹿，你卖不动。"我说："我今天就全把君乐宝压在这儿了，我不信做不成功，你不用考虑别的，你就考虑怎么做吧。"

3. 行业不可能

他说：这个行业不行，国产品牌只占 20%，国外品牌已经占到了 80%，伊利、蒙牛都做不起来，君乐宝怎么做起来呢？我说：你再想办法。

在这种状况下，我看他已经没有信心了，就把他叫到办公室，给了他三个月工资，让他回去另找工作。

君乐宝打破三个"不可能"

我们上奶粉的时候，召开了一个公司高管会。因为是大事，我怕那几个高管反对我，或者不说话、不表态，我也挺难堪的。于是，我提前跟几个副总沟通了一下，到时候不要冷场。后来开会，我说奶粉这个事，到国外看了以后，就一个想法：做奶粉，我问大家同意不同意。

出乎我的意料，他们说："我们早就想干了。我们也上过总裁班，也参加过培训，后来没法去，因为一说就是三鹿。我们也憋了一口气，想把这个事做起来。"

我辞了那个总经理以后，三个副总找我，看我发愁，我说怎么办？让谁上？这时候我们一个总监刘总，我把他提到副总。新官上任三把火，他说："你放心，你给我半年时间，你看我干成没，干不成我就走。"我给了刘总一个办公室，叫了三四个人重新组建一个团队。大家都说河北不能干，君乐宝不能干，说现在竞争激烈，到底还能不能干？我说，还有没有机会，咱们一块研究。

1. 战略上"藐视"假洋品牌

现在进口奶粉占 80% 的份额，大部分都是假洋品牌。都是中国人在新西兰、澳大利亚注册的公司，完了以后租间房子往里面罐装，说来自澳大利亚、新西兰。这里面 90% 的品牌都是假的。我说，这些东西早晚会破，不要怕他们，早晚他们会消失的。

另外，很多人说中国奶粉太贵了，一罐奶粉卖到 300 多元，有卖到 400 多元，便宜卖到 200 多元，比国外贵 3—4 倍。我到法国拿起一罐奶粉 13.5 欧元，我说把最好的、最贵的奶粉拿过来，他们说，这就是。这种奶粉到中国卖 300 元，后来我把成本一拉：50 块钱。

为什么这么多人都做奶粉？为什么奶粉行业有两千多个品牌？利益太大了。曾经一个外资品牌老总和我聊天，他说一年销售额 80 亿元。你猜它的净利是多少？净利 30 多亿元。目前快消品企业能有 5% 至 10% 的净利就已经很好了。在这么多企业里，有很多人都没做过奶粉。我有个朋友，以前做红酒，后来也在新西兰做奶粉。我说你们家投入得有多少钱？他说，不多，租间办公室，买一个灌装机，往里面搅合搅合就过来了，全是假的产品。

这就是机会，君乐宝唯一的出路就是让价格回归理性，用真诚去重建消费者对我们的信任。奶业为什么有今天？是因为消费者对奶业失去了信心。为什么不相信河北？是河北发生了三鹿事件。我们只有用我们的真诚去重建我们的信任。我提出：要从“概念营销”向“品质营销”转变，要从“渠道推动”向“品牌拉动”转变。刚才我讲到的现在奶业的状况，卖一罐奶粉，一个促销员赚 50 块钱，店老板一罐能挣 100 块钱，经销商一罐能挣 50 块钱，加起来就是 200 块钱。定价 300 块钱，减去 200 块还剩 100 块，50 块钱的成本，算下来还有 50 块钱利润。

2. 品质上构建四个“世界级”

我们怎么把依靠“渠道推动”变成“品牌拉动”呢？这是我们大的方向。产品怎么办？三鹿出事出在了奶源上，所以，我们所有的婴幼儿奶粉全部是我们自有奶源。我们提出了四个世界级。

第一，我们建世界级的牧场。有人说新西兰好，我说那是你的感觉。新西兰的草，牛的粪便，要打除虫剂。蛋白质欧盟标准 3.0，我们是 3.3，我们用最好的牛奶去做婴幼儿奶粉。

第二，所有的原辅材料都用全球最好的，我们叫做“全球优选世界级合作伙伴”，像：帝斯曼，以色列的领先油脂，它的维生素都是全球排名第一的，用最好的原材料做婴幼儿奶粉。

第三，建世界级的奶粉工厂。我们去年投产的奶粉工厂，可以说是世界顶级的奶粉工厂，我们用最好的工艺技术去做婴幼儿奶粉。

第四，用世界级的食品安全管理体系来生产奶粉。我们通过了全球食品安全标准 BRC 的 A+ 认证，通过了德国国际食品安全标准 IFS 的优秀级认证。用这四个世界级打造出世界级的好奶粉。

3. 价格上还消费者一个“公道”

价格怎么定呢？有人建议说：“魏总，我们这么好的奶粉，最起码得卖到 250 元、280 元。”也有人说，胆大一点，卖 800 元。我们提出一个观点，让每一个中国孩子都能喝上世界顶级的好奶粉，130 元一罐。

我把工厂旁边卖奶粉的一个终端渠道老板叫到办公室，我说这罐奶粉叫你卖，给你多少利润？他说，咱们关系不错，都是邻居，最少给我 70 元。我一算，130 元减 70 元，利润没了。他说，这还是要得少的，你要到别的地方卖，不给 80、90 元肯定没人给你卖，我要 70

元都是压着要的。

我就想，这个渠道肯定进不去，一给就是 80、100 元，咱们奶粉定价就 130 元，给了他连本都不够了。所以换渠道。我说小米电商也卖得挺好，我说就做电商，价格 130 元坚决不变。

公关启动品牌

产品价格、渠道定了，剩下就是品牌了，品牌怎么去建？打广告说不清，说你跟三鹿的关系，说你产品好，这些都说不清。品牌靠公关，怎么把公关做好？现在人们看电视越来越少了，我们利用我们的手机、利用公关，把品牌建起来。

我们开了一个大型的媒体发布会，把有影响力的媒体都请到了。价格 130 元一公布，所有媒体都不相信，都懵了，是真的还是假的？是不是你闹着玩的？第二天媒体报道就出来了，“130 元叫价格屠夫”，“奶粉搅局者”，“三鹿又来了！”……应该说是中国几乎所有媒体都报道了。

我马上提出来：中国奶粉太贵，中国消费者太冤！同时，我们把世界各个国家奶粉的价格做了一个价格地图。上市第三天，因为只靠网上销售，我们的网站被黑了，一天所有订单什么都没了。那时候我人在国外，我说：第一报案，第二把媒体请过来。为什么有人黑我们？说明他怕我们。最后一查，黑客来自国外，紧接着媒体又来了，说“搅局者网站被黑”。

整个上市过程，可以说花几个亿的广告也达不到这样的传播效果。整个就是一个公关事件，展示了君乐宝做奶粉的态度。虽然说支持的多，但是真正没人买，谁敢买。

没有人买，怎么办？送！只要打进一个电话来，就给你一罐奶粉，一天打来的电话不少，要奶粉的不多，一般一天送出五六罐，最多一天送出了三十多罐。奶粉寄过去五六天后我回访：奶粉送给你们，你们尝了吗？回答说，我们大人试试吧，大人没事再说。还有人说，小狗吃，狗吃了没事我们再吃。听到这些，我们员工的眼泪往下掉。

我们继续试，我还亲自送奶粉，一上午跑了五六家，这种真诚不断地去感化一部分人。在这种状况下我们奶粉一点点就起来了。

从废墟中“爬起”

到了 2014 年 6 月 18 日，碰到网上 618 大促，卖得不错。一下子天猫觉得君乐宝上得挺快，就跟我们谈合作。我们提前三个月就运作了，说双十一

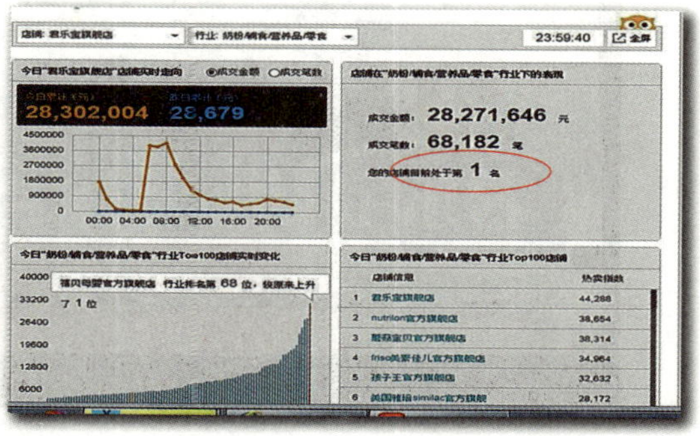

要拿第一，双十一那天我们卖了 2 600 万元，在奶粉行业我们排第一，这是国产奶粉第一次超越了洋奶粉。

当天，很多记者又把这个画面拍下来了，各大媒体就报道“君乐宝奶粉双十一大卖，首次国产奶粉超过洋品牌”。慢慢地，我们的奶粉销售开始转好。还有一些竞争对手说我们这都是暂时的，赔着钱干的，干着干着就换原材料了，成本就上来了。

我所有的供应商全都是一线品牌，我们搞了一个“优质优价全球联盟”。在大型发布会那天，所有服务商都跟我们签署战略合作。其实有几位老板跟我说：“不瞒你，说跟你签合作，我可能要跟几个国外品牌断绝关系，他们已经威胁我了，说要是我们跟君乐宝签合作，他们就不跟我们合作了。”但是，他们还是愿意跟君乐宝签，他们说君乐宝有未来。君乐宝给消费者带来了实惠，消费者信任你，所以君乐宝将来肯定会超过对手。

其实，这个事很简单，你的配方一拉，找一个博士算算账。成本是多少钱？我的成本比它的还高，我用的料比它还好，它卖三百多元不合理，它早晚会失去消费者，消费者会对奶粉有一个正确的认识。通过战略联盟，通过欧盟双认证，不断地宣传，消费者对君乐宝奶粉的品质越来越信任了。

拿到欧盟双认证以后，我就问管生产的老总，欧盟 BRC 最高级别是什么？他们说 A+ 认证，国内没有。全球没有一家婴儿奶粉有 A+ 认证，我说为什么？他说 A+ 认证是一个飞行检查。什么是飞行检查呢？就是认证方不做任何提前通知，随时飞到你的企业来做随机的产品抽查。咱们只要拿到这个认证，咱们就是全球第一家。

最后我们拿到了 BRC A+ 顶级认证。拿到认证以后，我们举办了大型的新闻发布会，请来了农业部的副部长。他非常激动，他说中国奶业太需要这种证明了，这个意义不亚于奥运首金。通过 A+ 认证以后，君乐宝奶粉不断地得到消费者的认同。

后来农业部的韩部长看到这个消息，亲自到我们君乐宝考察，参观了我们的牧场、工厂。韩部长说：我全世界都转遍了，你们的牧场是最好的，你们的工厂是最好的。我跟韩部长说：八年了，

中国奶业发生了翻天覆地的变化。韩部长说要搞一个奶业联盟，韩部长考虑了三个月，最后定在石家庄开，我说就叫“中国奶业振兴大会”。

八年了，三聚氰胺过去了，已经翻过去这一页了。全国奶业二十强 D20 峰会暨中国奶业振兴大会，我们河北省的很多领导都参加了，对河北奶业的振兴给予了很大的肯定，这种宣传加深了消费者对君乐宝的信任。

紧接着，我们又把奶粉卖到香港。我说香港没多少人，其实卖不了多少奶粉，但我敢摆到那儿。现在我们的奶粉在香港的销售不错，今年能卖 1 000 万元，比我想象的好多了。因为一开始到香港真的是卖不动，也是送，送一罐没人要，送两罐没人要，我说送一箱。价格合理，品质不错，通过供应香港市场的事件，也证明了我们国产奶粉的品质。很多消费者也给我们写信，说：君乐宝敢卖到香港，我们买君乐宝是正确的。

整个公关活动把君乐宝的品牌从废墟上一点一点地扶起来了。同时，我们又组织消费者参观牧场。我们的牧场工厂是 4A 级景区，去年接待了 50 万人。今年到现在为止已经接待了 40 万人，我们的目标是今年接待 100 万人。这 100 万人的传递，确实对我们奶粉的品牌传播有非常大的提升。

君乐宝奶粉终获得认可

前面讲了我们奶粉今年一季度增长了 125%，预计今年会达到 25 亿元的销售额，比去年翻一番。习近平总书记在 2017 年 1 月 24 日到我们在张家口投资的奶粉工厂视察工作，提出“让祖国的下一代喝上好奶粉”，希望我们国产奶粉在市场上起主导作用，这是总书记对我

们奶业人的嘱托。我们也会牢记总书记嘱托，生产出让老百姓放心的好奶粉。

我们未来的目标是：五年突破 100 个亿。应该到不了五年，我们就会做到 100 个亿，目标是奶粉要做全行业第一。今年两会，有一个视频传得特别多，韩部长说，相信有一天外国人到中国旅游，会买中国的奶粉。韩部长在两会之前，又一次到君乐宝看了我们的奶粉厂，了解了我们的一些经营状况，非常自豪，他说："相信有一天外国人到中国旅游会买中国奶粉。"

谢谢大家！

杰克控股集团总裁阮积祥现场演讲

CATEGORING STRATEGY AND
ITS PRACTICE IN CHINA

杰克控股集团总裁阮积祥：

聚焦的力量

大家下午好！杰克缝纫机又来了！

三年前，我在这里谈了杰克当时的定位、聚焦战略，今天再一次受到定位峰会组委会的邀请，进一步分享杰克过去三年实践定位、聚焦战略的心得和感想，尤其是战略定位之后的运营和配称。

非常高兴能跟大家分享杰克所经历的定位、聚焦的战略，我的分享主题是《聚焦的力量》。

我想从三个方面跟大家做分享：第一，简单介绍一下我们杰克；第二，杰克明确的定位及运营配称；第三，团队建设支撑运营配称的实现。

杰克简介

杰克是做工业缝纫机和自动裁床的，从裁布、切割到缝纫，是一家全球化的企业，在中国有 3 家工厂，德国 1 家工厂，产品销往全球 100 多个国家。我们的缝纫机有两种颜色，喷漆工艺非常之难，是全球一家著名的工业品设计公司通过技术反复研究实现的。

我们的客户群体除了服装厂以外，还有箱包、鞋等行业，同时也包括了航天工业、汽车车身、飞机机身所用到碳纤维等。我们在全球 100 多个国家里有 5 000 多个网点，连续八年全球销量第一，连续九年中国出口行业第一，连续三届售后服务全国十佳、行业唯一，连续五年全球行业内研发专利申请量位居第一。

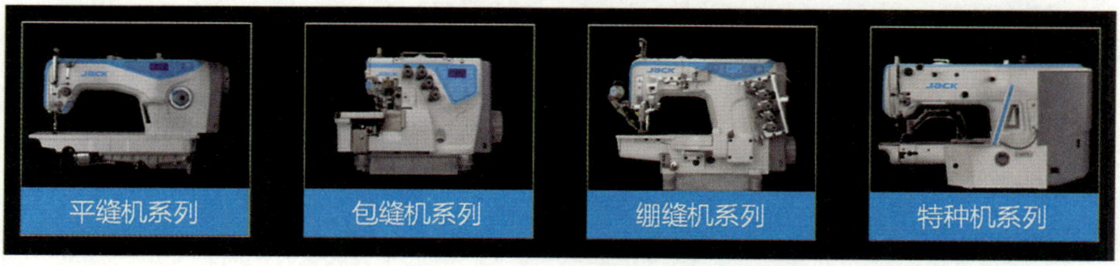

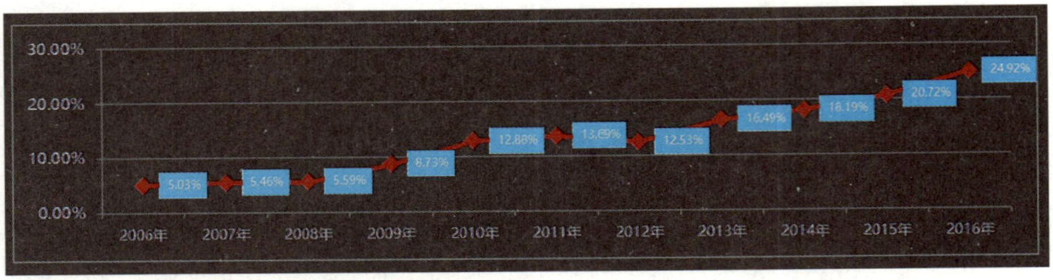

从 2006 年开始，杰克在业内的市场占有率一直在提升，今年的增长会更快。杰克的核心价值观就是：聚焦、专注、简单、感恩。把定位理论，运用到了企业的价值观上，真正扎根到我们的思想里。我们不是为了做定位理论而做定位理论，我们是把定位的思维，扎根到我们文化的源泉里。

一般企业做大了之后都会去做高端、做大客户，但过去几年，杰克专注于中小服装企业，在这块市场上，杰克在全球实现了绝对的领导力。竞争对手什么产品都去做，做到一定规模就去做大客户、大企业，而我们正好聚焦中小客户，聚焦品类，聚焦品牌特性，有自己的定位，明确的渠道，实现了差异化。

当然，过去几年随着我们的聚焦，随着技术的延伸，杰克专注核心品类的同时，也带动了其他品类的销量。定位的打法非常重要，杰克的定位就是快速服务。

我们做企业如果看到别人成功了，就跟着别人学，那就有问题。看到别人的成功，我们应该想如何走出一条自己的路。这几年，我们跟世界知名的人力资源咨询公司合作，融入定位理论，领悟到如果能克服自己贪婪的心，那就说明你掌握了定位理论，定位理论更多的是定位我们自己个人。

所谓的聚焦，更聚焦自己的这颗心，自己这颗心能够聚焦住，定位理论也就能在自己的企业里面扎根下来。大家都看过《阿甘正传》

这部电影，阿甘，一个低智商的人，为什么能够获得巨大的成功，无非就是我刚才讲的，他没有一颗贪婪的心。

定位明确与运营配称

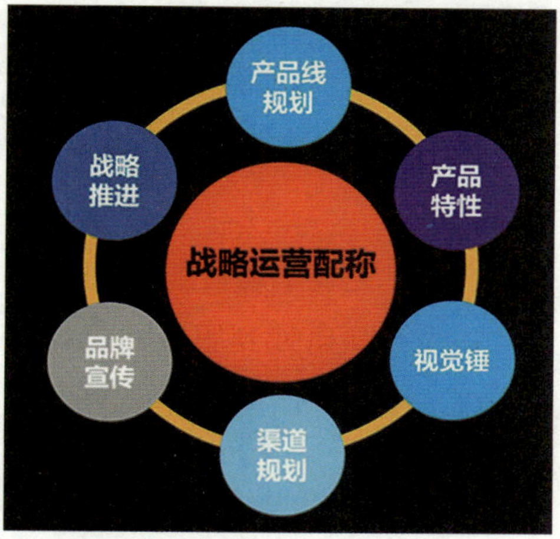

2012 年，我们跟里斯公司合作。2014 年，再次跟里斯公司合作做国际贸易。当时里斯公司给我们做了这几个方面的配称：第一，产品线的规划，对产品线进行梳理、聚焦；第二，产品特性的建议；第三，视觉锤；第四，渠道规划；第五，品牌宣传；第六，整个战略的推进。

所有的运营配称环环相扣，但我认为更重要的是：深度打造，稳步推进。到今天为止，我们也只走了三到四步，还要走五六年，一步一步脚踏实地。

我们把它分成两个阶段去打造，先是从“营销驱动”到“研发驱动”，下一阶段是从“研发驱动”到“品牌驱动”。消费类的产品，比如手机，都是这样的。

就拿杰克的一个产品型号来讲，最大一个品类曾经有五个平台，每个平台上有各自的产品线，技术不通用，型号也很复杂，我们怎么去做呢？第一个就是把五个平台整合成一个，整个技术平台有无油、自动剪线等技术，各个产品型号又形成共享。像汽车行业，一个生产线可以做多种汽车型号，我们也是这样的理念。

学定位我们都知道，一个品类里不同客户层次最主要的区分是价格，如我们的产品 A2、A3、A4 是以价格来区分。我们当时推出了最核心的一档品类，聚焦在这个品类上发力，市场占有率达到 50%。一个占领渠道的产品，一个占领客户心智的产品，肯定能够获得非常高的市场份额。

学习定位以后，我们进一步强化了产品的研发体系，从组织优化支撑整个产品规划。运营配称包括产品规划，把规划思路往前推，从客户需求出发，领先于竞争对手推出符合客户需求的产品，这一点非常重要。

所以杰克整个运营配称规划第一个要点是，把研发推到整个公司层面去做，从研发到服务到生产到采购，实现全体系做研发。所以，我们设立了“产品族总经理”，成立战略与市场规划中心，强化 PMT 团队。

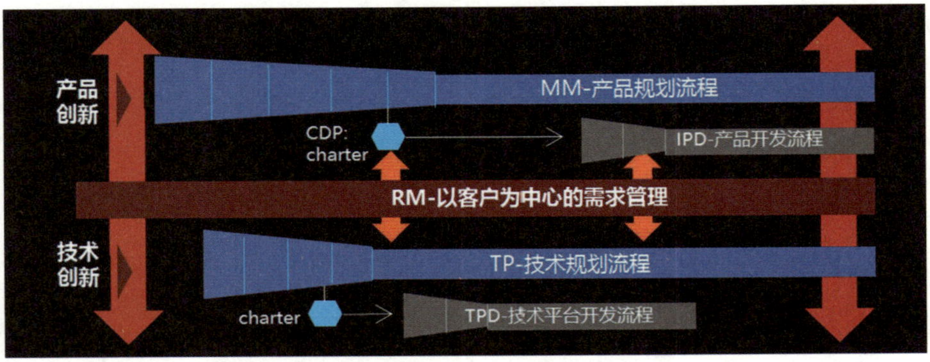

从这张图可以看出，杰克的研发是以客户需求为导向来管理的。没有客户需求管理的有效输入，产品开发就是“闭门造车”。有了客户需求的输入，CDP 需求管理团队的转化，输出产品开发任务书，并且产品开发原则始终围绕我们定位在中小服装企业的“快速服务”上。

怎样用产品特性把定位快速服务打入消费者的心智？技术创新。我们聚焦中小客户，进行了大量围绕产品特性的开发。比如说：中小服装企业什么服装都做，我们缝纫机能做最薄、最厚的布料，你不用更换或调整机器任何部件，可以直接缝制。中小服装企业维修能力差，我们的缝纫机会语音，告诉你怎么使用，出现故障，它会告诉你出现了什么故障，怎么维修。基本上 80% 的故障维修语音导航会告诉你，自己就可以维修。

杰克的定位是“快速服务”，我们所有的研发都朝着这一点。如物联网、智能化等技术的导入，使服装生产效率大大提高。杰克在研发投入方面不遗余力，现在 4 000 多名员工里，有将近 600 名研发人员。哪里有我们所需的人才，就在哪里设立研发中心。

过去几年，我们的员工，做营销的去做研发，做研发的去做营销，做品质的去做研发，互相融合，通过这些融合以后，团队打造得特别好，各部门的互相协作明显提升。

杰克鼓励创新，不断增强企业的创新力，从 2012 年开始专利数量不断增加，2016 年当年申请专利 300 项，其中发明专利达到 210 项，专利质量、技术突破等方面要求，逐年提高。目前拥有专利数为行业之最。在全球缝纫机行业里，我们有这样的专利数，非常自豪。

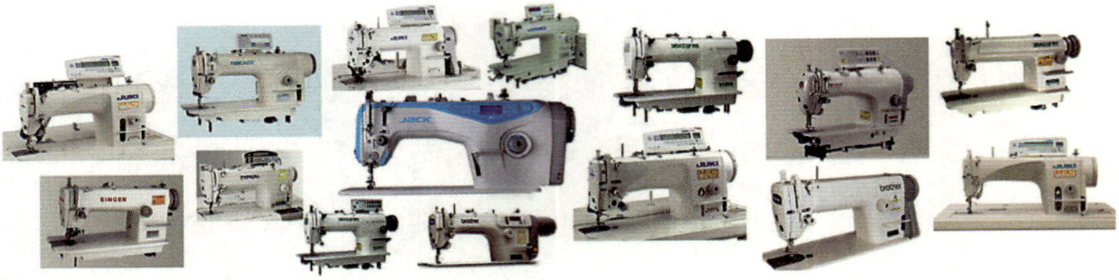

关于视觉锤，杰克的视觉锤在工业品里，走在了前面。原先，所有的缝纫机都长得差不多，现在我们把杰克缝纫机机身做了特殊设计，而且我们的工业产品不像汽车是平面的，我们这个是有花纹的，这个工艺当时花了很长时间才攻克。

各行各业里都是这样，如智能手机都跟 iPhone 没太大的区别。现在具备自身特色视觉锤的杰克缝纫机，拥有了品牌感官，放置在同业的缝纫机及客户的工厂内，极具视觉冲击，使得客户形成一种心智：以后买缝纫机就是找这种外观。所以视觉锤在工业品里应用，我觉得非常重要。

团队建设支撑运营配称的实现

刚才说了产品的开发，我们的产品特性，我们的视觉锤，我们最重要的是要把产品铺到渠道。

在 2012 年，我们有 1 500 家左右的经销商，经过这几年的发展，我们达到 5 000 家经销商。我们应用独创的团队管理模式，使总经销商、分销商与杰克，形成铁三角的经销网络运营体系，形成一种引导、支持、关爱的团队运作结构，更加扁平化地去管理。

总经销商做好对分销商的引导、支持、关爱的责任，杰克做到对总经销商服务、辅导，责任到位，对分销商的引导、支持、关爱，形成有效的团队式运作管理。

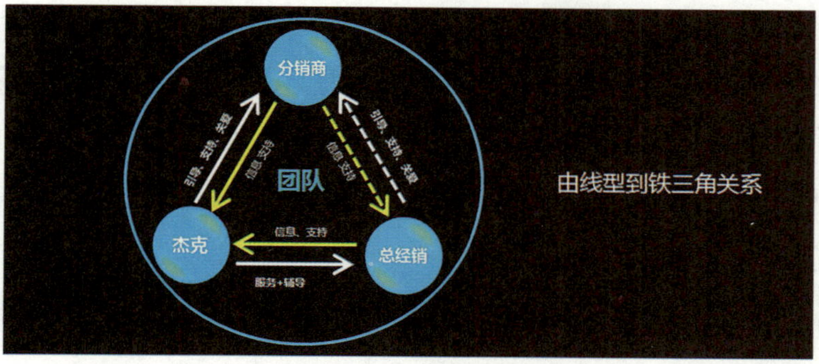

我们优化了经销商评价体系，有星级经销商评价，每年评选战略经销商。当然，我们不是简单评选战略经销商，我们的战略经销商对产品研发、销售政策，提供了大量的创新思维及研究方案。我们的评价体系拥有系统的评价指标，不仅是销量大，更多是有好的想法，有好的思路，这样可以共同把整个产业链完善起来。

一个产品型号里，同一个产品品类做下来，我们有不同的产品价格档次。经销商根据自己的销售能力，相对应地选取不同的价格档次。三级经销商就选价格低的产品，一级经销商就选价格高的产品，这样能够岔开一点。因为相对来讲，一级经销商的客户能力强一点，三级经销商客户能力弱一点，他们的需求档次也低一些。这样做的好处是，第一建立不同客户群体，第二使我们的渠道管理更加容易。

原先杰克缝纫机的专卖店各式各样，非常杂。现在，我们与一家德国的设计公司合作完善了整体形象设计，进一步融入杰克元素，整体非常简单。大家看到街上很多的小工业产品商店里很乱，我们把苹果店的一些思维和运作方法，运用到我们的终端上，进行了一系列统一规范化运作管理，效果显著。

未来，我们将继续强调“快速服务 100%”，我们的定位就是“快速服务”。

过去几年，大量的研发投入在产品特性上，实现了快速服务；未来我们更多要去做的就是服务体系的建立。我们的经销商将会从原先的单兵作战走向团队作战，会从坐商到行商、从经销商到营销商的改变。

我们已经把产品铺入市场，从“营销驱动”到“研发驱动”。接下来我们要从“研发驱动”到“品牌驱动”，把品牌铺入我们客户的心智，把品牌理念导入我们的运营配称。

谢谢大家！

分众传媒董事局主席江南春现场演讲

CATEGORING STRATEGY AND ITS PRACTICE IN CHINA

分众传媒董事局主席江南春：

分众传媒的定位思考与实践

刚才在下面听了里斯先生精彩的演讲，深受启发，让我回忆起14年前创业之初的想法。

里斯先生讲的第一个非常重要的词就是：对立。当我们还是一个创业者的时候，很重要的问题是要面对像中央电视台等以电视为主导的时代，我们当时一个重要的思路是跟主力的公司走相反的路。

分众创业时期的对立战略：对着干

当时所有媒体都是以内容为王，好的内容吸引人们的注意力，后来我说我们做一个没有内容的媒体，我们做渠道为王，走了反方向的思路。所有的户外媒体讲地理位置最重要，我们当时换一个角度，我们不要用地理位置去思考问题，我们放到人的生活轨迹、生活空间上去看。后来分众做了一个精准细分化的媒体，只做都市主流消费群的媒体。

当时我们创业的时候，电视报纸是国家的，不能做。杂志生意很小，没什么可做。所以当时我们去做户外，当时户外的核心位置在徐家汇、外滩、淮海路，只要是有位置都被广告占了，你无路可走。

这个时候我们就想，在徐家汇做一个牌子，等着人来这是一种想法。但，我们认为追着消费者生活轨迹走的话可能有机会。

消费者到了徐家汇的时候，还会去哪里呢？一个人总要回家的，总要上班的，总要到卖场买东西的，总要到电影院的，所以我们追着消费者的生活轨迹走，从这个视角去看，从人的生活轨迹看，我们发觉其实是一片空白的。回到家，社区是每个人会路过的地方，但是是没有广告的，我们后来做的事情就是把广告植入到消费者最日常的生活轨迹，生活场景当中，成为生活的组成部分。这符合里斯先生讲的

对立思路，我们几乎在每个点上都走了相反的思路。

分众创业 14 年来，现在是每年营收 100 亿元的公司，今天它市值走到 1 000 亿元之后，我们再次问自己，我们今天的定位对吗？我们有没有重新梳理自己的看法？

我再分析一下整个媒体市场的环境，当我们在思考定位的时候，媒体市场到底发生了什么改变？

过去五年，中国媒体市场发生了三大的改变，媒体“粉尘化”时代来临。我用两句话总结过去五年中国媒体业的改变，第一句

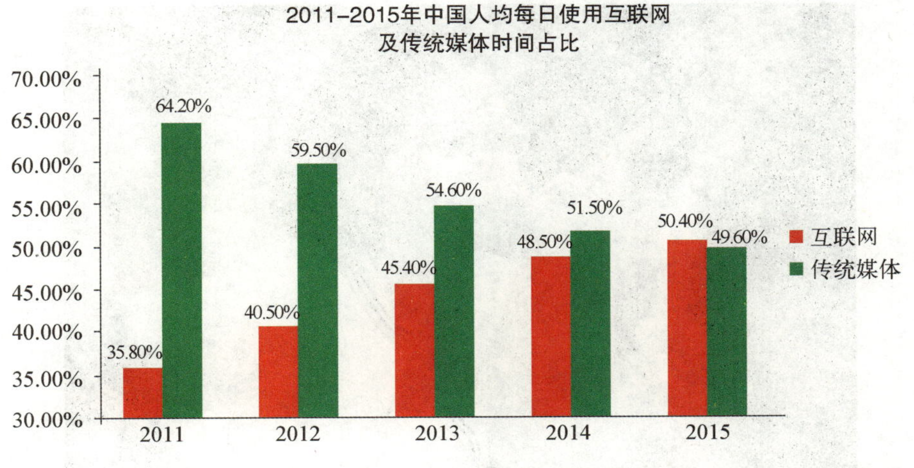

话“主流人群基本上不太看电视了”。第二句话“主流人群基本都在看互联网了”。其实在互联网上，消费者不太看广告，互联网的收视时间在过去五年时间一路发展起来已经超过了传统媒体的收视总和。

关于品类名的思考：生活圈媒体或电梯媒体

我们重新思考，怎么去看分众，分众是谁？我觉得第一个要搞清楚你是谁，我们第一个创业的项目，就是在办公楼电梯口放上电视机，那时候液晶电视机不多。我们还有一个业务，在社区里面，是做社区框架广告。

因为，分众是围绕消费者生活圈展开，从公寓楼、写字楼、卖场、影院，消费者最日常的生活圈展开。所以，在过去十年的演讲当中，我都把分众称为“最大的生活圈媒体”。但是这个词语从对立面角度来说，对手叫做“户外媒体”，我以人的生活圈为中心做到了对立，但是这个名字很虚幻，什么叫做“生活圈媒体”，在生活当中很多的空间场景都能叫生活圈。

其实，分众是最大的电梯媒体集团，拥有一万多部电梯，每天在中国影响2亿人口，5亿人次。生活圈媒体听上去比“中国最大的电梯媒体”高大上，比较时尚，这时候我非常犹豫。

我是不是要把它聚焦到电梯媒体上？有一次我跟一位著名的企业家交换名片的时候，他知道我是谁，但是拿到名片转身一看“中国最大的生活圈媒体”，回头问我，你到底是干什么的？当时，我就觉得，分众把整个定位变得很虚幻，我们没有聚焦到可感知、可连接的物体当中，所以最后我把这个东西改回来了，我说分众是“中国最大的电梯媒体集团”。

在这个看法之后，如何说出分众的差异化？有时候我们把所有分析都做完了，但是找不到那句话是什么。我后来反反复复在想，定位理论经常讲它要足够简洁，越少的字越有穿透心智的能力，所以我当时写了“引爆主流投分众”。

我们又在想，分众传媒的信任状是什么呢？其实中国5 400多个品牌投分众，中国最顶尖的品牌，在中国TOP100的品牌当中有81

个品牌选择了分众，我觉得这是一个安全感的象征。

分众传媒最后品牌故事就如刚才所说的中国的 4 亿城市人口，每天 2 亿人看分众，阿里、腾讯、滴滴等五千多个品牌投向了分众。

对品类战略实践的感悟

最后我花一分钟讲讲，我们做这个定位最核心的思考是什么？

第一，品类聚焦，让自己变得更简单更清晰，“生活圈媒体”这个成本太高，我们把分众定义成“电梯媒体”，在品类上把自己变简单。

第二，独占性，电梯媒体对分众来说具有独占性和排他性，它更好地对品类进行了定义。

第三，重视定义品类，品类比品牌更早地进入心智，我们非常强调把自己的品牌等于一个品类，而不是等于一个虚幻的东西。

长城汽车董事长魏建军现场演讲

CATEGORING STRATEGY AND ITS PRACTICE IN CHINA

长城汽车董事长魏建军：

长城三次关键抉择背后的战略思考

尊敬的里斯先生和里斯公司的同仁，还有我们在座的商业界同仁们，大家好！

长城汽车是一个纯正的从小到大发展起来的一家民营公司。我也是第一次在这样的场合，出来做公司的介绍和一些发展历程的分享。刚才我看了分众传媒老总江南春的演讲，我压力很大，他口才倍儿溜，我这可以说是“处女讲”。今天我要分享的主题是“聚焦的威力，品类的力量”，主要是对长城三次关键抉择背后的一些战略思考。

2008年，里斯伙伴中国公司成为长城汽车的战略顾问，从此开启了与长城汽车长达近十年的战略咨询合作。在这十年的发展过程中，长城面临了很多非常艰难的选择，其中有三次选择是非常艰苦的，这三次选择可以说有巨大的影响，今天我想把这些跟大家做一个分享。

第一次就是“选择一条腿走路”，聚焦SUV

长城汽车实际上是从一个很小的民营公司起步的，真正起家的产品是皮卡，做皮卡车的背景是：合资公司在中国很少投入，即使投入也是比较高端，中国国内的这些自主品牌又不特别重视，所以我们就瞄准了这个非常小的细分市场，当时我们采用的实际上也正是品类战略。

我们1996年投产，1998年就获得了中国销量第一，而且至今还是销量第一，已经是19年的销量第一。皮卡市场到底小到什么程度呢？每年市场总量大概33万台，我们市场份额达到了32%，与很多涵盖多品类的大公司相比，我们这一个皮卡的利润比他们整体的利润还要高。

今天听了里斯先生的演讲，我认为我们还需要继续反省，我们对皮卡太不重视了，可是它给我们创造的价值太大了，给我们打下了一个非常好的基础。当然在发展过程当中，皮卡的市场非常小，可谁都想把企业做大，所以我们后来就选择进入 SUV 这个市场，当时 SUV 这个市场还是非常小的。

当时我们没有选择聚焦，因为禁不住诱惑，我们又进入了轿车和 MPV 市场。进入之后经营并不理想，那个年代轿车在国内刚需的影响下增速也非常快，轿车也能赚到钱，而且在同行当中我们轿车的利润表现还是非常好的。因为观察到了 SUV 未来的发展趋势，里斯伙伴给我们提出了聚焦 SUV 的战略建议，当时内部压力是很大的，包括我本身实际上也不愿意放弃这些轿车和 MPV 市场。

实际上趋势判断比选择聚焦更困难。作为一个小公司，投入了 30 多个亿，轿车有四五款产品，还有一款 MPV。在抉择上大家内部争议也很大，因为 2008 年前后，中国汽车市场尽管 SUV 品类高速增长，但它的体量还是非常小的，而且轿车也在快速增长，尽管皮卡品类很小，但是长城有足够的优势。

当时我们多条腿走路的困境也表现在长城的经营上，企业的投入很大，但是销售量、利润表现并不尽人意。当时恰好赶上了 2008 年金融危机，也看到美国三大汽车公司破产的状况，包括里斯公司也一直给我们做深度的研究，建议我们不要做小通用，让我们退出轿车市场，退出 MPV 市场，聚焦到 SUV 这个品类当中去。从道理上、原理上、案例上，里斯公司都能说服我们。所以后来还是决定了逐步退出，就是轿车产品不再开发，全面转向 SUV。当然这个过程我想今天在座的各位都有这方面的经历——实际上，上一个产品并不是那么难，去掉一个产品是非常复杂的，非常难抉择的。

在这个过程当中，我们逐步确立了聚焦“打造 SUV 领导者”这样一个明确的目标，建立哈弗专注、专业、专家的品牌形象。这个目标可以说经过多年的聚焦战略的实施实践，也实现了。聚焦战略，引领哈弗从零起步，做到了年销过百万辆，连续 14 年保持中国 SUV 销量冠军。聚焦让我们得到了回报，可以说无论过去、现在，还是将来，聚焦战略始终是长城的核心战略。我们为此提出了一个方向，SUV 不做到全球第一，就不考虑推出轿车。今天想想，假如要是更早决断，更快速转变，可能今天的长城会更好、更卓越。基本上这一段就是我们的第一次选择。

第二次选择，就是品牌高端化的教训，实际上就是刚才里斯先生讲的心智的挑战

哈弗可以说在这几年，这个品牌一直在 15 万元以内的品类当中销量是最大的，连合资企业价格下探也难和哈弗竞争。既然 10—15 万元的哈弗可以打败合资，我们认为可以用同样的策略在 15 万元以上也打败合资，我们就打造了 20—25 万元的 SUV，也就是我们长城的 H8 这个产品。

这辆车应该说做得非常棒，不管是性能、质量等方面，还是配置、驾乘等方面，都可以拿外资的 40 多万元的车和我们 H8 相比，

H8 都占有很多优势。可是上市之后，没有得到市场的认可。H8 经过 5 年的打造，至今市场表现都非常差。

我们在这个过程当中投入了大量的人力、物力和时间成本、机会成本，损失可以说达到近 10 亿元，而且也影响了我们 10—15 万元哈弗的发展。以前在经济型 SUV 里面，我们的市场占有率是 39%，后来因为竞争激烈，也丧失了一些机会，我们的市场占有率下滑到了 27%。

在品牌高端化上，H8 给我们的教训是深刻的，归根结底最终还是面临心智的障碍。也就是说，我们在 10—15 万元当中，销量太大了，已经被定义在经济型 SUV 品类里，你再走向高端的时候，用一个品牌是很难实现的。H8 也是基于内部思维的一个结果，实际上从营销的角度看，刚才听里斯先生讲，终极的战场还是消费者的心智，一旦形成心智认知，很难改变。H8 就是跟消费者心智不符，无论你的产品做得多么好，你要是在品牌上不分化，用原有已经让消费者认知的经济型 SUV 的品牌来做 H8，可以说突破心智障碍是极大的困难。所以在这里，也把我们 H8 这几年发展的情况，跟大家做了一个分享。

第三次重要的抉择是推出我们中国首个豪华 SUV 品牌：WEY

战略的进化要顺势而为，企业随着不断壮大必须多元化，但是品牌必须聚焦，要吸取我们 H8 的教训。可以说这几年由于聚焦，我们的企业发展速度也比较快，2016 年我们销售也突破千亿元。因为我们自主品牌必须研发先行，一定要重投入研发，所以我们研发已经具备了 1.5 万人的规模，而且这些年当中也有了哈弗多年的冠军品牌背书，基本形成了大树型的品牌构架，因此长城完全具备了升级聚焦战

略，打造新品牌的基础。

这个时候我们也是和里斯伙伴进行了充分的论证，认为这时候是一个很好的契机。一个是消费升级的趋势，一个是我们认为15—20万元的SUV，目前主要是外资的二三类品牌，实际上他们是品牌力强，产品力弱，价格严重虚高。我们也看到，随着众多中国企业，比如手机、家电企业等的成长，消费者正在接受自主品牌的产品，所以我们开创了中国豪华SUV这个新品类。

这里面还有一个故事，WEY品牌推出也是里斯先生在访问长城的时候，谈论将来高端品牌如何做，他得知品牌的名字还没有定下来，里斯先生在会议室当下就提出一个建议：说还是用老板的“姓”来命名一个品牌，他也举了很多例子，比如：梅赛德斯、福特、丰田。我们感觉眼前一亮，觉得在那一刻品牌就诞生了，我们也欣然接受了。

今天在此，我也向为我们起了这么一个适合未来发展的、非常有价值的豪华SUV品牌名的里斯先生，表示感谢！

也许有人会问，同时运营两个品牌会不会不聚焦？实际上现在我们的体会是，我们哈弗 H8 不成功的原因，主要是我们做了高端产品，没有做高端品牌。这样两个品牌的运作，使我们在细分市场上更加聚焦，也就是说哈弗去做你主流的 10—15 万元的市场，更加专注地做这块市场，WEY 向上突破做 15—20 万元的市场。这样两个品牌非常清晰，当然产品本身也有了差异化。长城可以说逐渐形成了以哈弗品牌为主干的架构，我们的目标也是在 2020 年前，哈弗一定要在 15 万元以下的市场做到绝对领先。

在长城近十年三次重大抉择中，我们最大的感悟也是最大的收获，就是企业模式决定了成败。最近这两年，美国的媒体也一直在讨论美国汽车衰落的问题。因为美国的大型汽车企业，增长越来越慢，利润越来越低，实际上都是因为企业模式的问题。可以说在中国也有大而全，甚至是小而全的问题存在。

中国因为发展速度非常快，供给缺乏，有很多曾经成功过的企业，有些老板们都不甘于寂寞，都想把品类做全。实际上最终的结果跟美国企业是一样的，就像美国的通用，它有四五个品牌，但是它在每一个品牌品类当中都没有打造出优势来，所以品牌都是虚弱的，没有什么竞争力，利润也是非常低的。因为体量大，破产他们也不怕，实际上他们也经历了三次破产。

可以说聚焦才是先进的模式。当别人在品类上都在做加法的时候，长城一直在做减法。做减法也有很大争议，我们当时宣布不再做轿车，只做 SUV 的时候，外部的争议也非常大：媒体的争议，投资者的争议，压力非常大。面对这么多压力，我们还是选择了只做 SUV，可以说今天得到这样一个成果是来之不易的。

实际上我们也看到了一些案例，刚才里斯先生讲了斯巴鲁，虽然我们还没有多么详细地研究它，但是我们看它的利润，它也卖了一百多万台车，有 70%、80% 的市场在美国，聚焦四驱车品类，它的利润是 270 个亿。长城也卖了一百多万台，但我们的利润是 105 个亿，也就是说它的净利润率也比我们高很多。只有这样聚焦品类的品牌，才更加有前景，所以长城也不例外，我们会聚焦到哈弗和 WEY 这两个品牌当中。

聚焦模式尽管饱受争议，但这是企业打造强大品牌的有效模式。作为企业界人士，应该不畏惧争议，坚决走自己的道路，勇敢地走下去。

最后，谈两点未来的设想

第一，由“中国第一”到“全球第一”。

我们首先向外发展的是哈弗品牌，在 2020 年，我们将会把哈弗 H6 做成全球 SUV 单品老大。我们也宣布了哈弗将在 2020 年突破销量 200 万辆的目标，从销量上看，也会超越吉普、路虎，成为全球最大的 SUV 专业品牌。

从品牌的角度我们也是有信心的。有众多品牌的评级机构的研究报告，前两年看完之后我也挺惊讶的，把长城评级都排到了很多国际大品牌的前面。哈弗，一个经济型 SUV 的品牌，为什么得到了

这么高的评价呢？后来我们跟品牌评级机构联系，他们说这叫品牌价值，就是说你这个品牌有没有价值，关键看能不能创造更多的利润，所以说像宾利这些高端品牌都在我们后面。我们也获得了中国的汽车品牌在国际上最高的评价，在中国品牌中，我们的品牌强度也都排在第一位。

第二，由“中国品牌”到“全球品牌”，赶超日韩，成为国际汽车行业的主力军。

目前，长城汽车已在俄罗斯建厂，计划在 2019 年投产。以前，我们的营销模式是一个贸易型模式，现在变成直接管理的子公司模式。我们已经在澳洲、南非都设立了子公司，而且哈弗还要进军最具挑战的美国市场，加快全球化的品牌进程。可以说哈弗先进的聚焦模式，也许会颠覆美国车企。2009 年通用以 820 亿美元的资产和 1 730 亿美元的债务申请破产的时候，正是哈弗 SUV 在中国崛起的时候，我们应该把握住中国汽车崛起的历史机遇，早日实现赶超日韩的品牌目标。

谢谢各位！

里斯中国公司总经理张云现场演讲

CATEGORING STRATEGY AND ITS PRACTICE IN CHINA

里斯中国总经理张云：

开启品类战略实践的下一个十年

大家上午好！

从昨天到今天的内容看，时间安排得非常紧凑。里斯先生、劳拉女士做了主题演讲，企业家分享了案例，我最后用十分钟的时间做一个总结。我的分享主题是《开启品类战略实践的下一个十年》。

这两天的演讲有一些额外的感受，就是企业家的激情。从昨天到今天，无论是风格比较沉稳的魏总、讲得比较溜的江总，还是比较喜欢思考的范总、君乐宝的魏总，等等，大家都深深地被这些企业家的精神所感动。如果你没有起码的激情，是成不了大的事业的，激情是我们成就事业最根本的基础。

致广大而尽精微

里斯先生和劳拉女士分别做了两场演讲，这个内容是由他们定的。里斯先生说：他认为这些是最重要的，对中国的企业家是最重要的，他来准备这个内容，我也认为是非常重要的。中国有一句话“致广大而尽精微”，每次听里斯先生的演讲，我个人的感受是非常宽的

视野，从历史的角度，从整体的角度，从企业宏观的角度，找出那些最关键的规律，这是他不同于很多专家、很多大师的一个非常重要的点。因为他有一个优势，他年纪足够长，看过的东西足够多。

同时，定位又有一个相对应的优势，我们叫做：尽精微，就是很多关键细节的地方，也做了深入的思考。我们很多大师可能会给你上一堂宏观的谈概念性的、谈理念性的、谈观念性的课，但是对企业具体运营没什么帮助。

我听到一位企业家跟我讲，他找到一个很著名的国际知名的专家，跟他表达了非常虔诚的敬意，同时希望合作，谈了半天，那位老人家告诉他，他不知道怎么开始，因为他是做理论研究。而里斯的理论是来源于实践的，所以我说“致广大而尽精微”，只有致广大，有足够的高度和足够的深度，看得足够远，同时又足够落地，才是真正的中用的高明的战略思想。

里斯：成为千亿级企业必经的五个战略节点

里斯先生在演讲中谈的五个战略节点，是当你的企业，无论是从很小开始，甚至从零，还是今天在运营的企业，你都可以对应着那五个点，来看你的企业。

你在你的品类是第一、第二，还是第三、第四？还是根本没在这个品类里面？第一应该怎么做？第二应该怎么做？如果不是第一、第二，你又应该怎么做？接下来你还会遇到什么问题？

像昨天任总的思考——我们如果以品类来思考战略，肯定会遇到品类未来增长空间的问题，所以他遇到问题就是多品牌的问题。长城也一样，长城一定会遇到增长空间的问题，那下一个问题是多品牌的问题。所以，实际上这几个关键词，包含企业从小到大整个发展的过

程，无论是新品牌，还是老品牌，无论是小企业，还是大企业，战略的关键点已经囊括在里面了。

劳拉：从“视觉锤”到“战斗口号”磨砺夺取心智利器

劳拉的演讲主题是：从视觉锤到战斗口号，可以看到劳拉的全新思考。在新的营销环境里面，我认为视觉锤是定位理论的一个极大的贡献。视觉的价值我一直讲：它长期被忽视。但是从实践来看，视觉的战略价值，没有任何人可以忽视，无论是国内还是国外的品牌。因为你要进入心智，最根本的还是通过图案，这是非常重要的。所以在这几年的实践里面，自从劳拉推出《视觉锤》这本书以后，我们在国内，在咨询的实践里面，都大力地推荐应用视觉锤理念，而且起到非常好的效果。

这次她带来了“战斗口号”，这个观念的演讲对她来讲是非常有挑战的，如果翻译成中文之后就不能显示头韵、押韵、反转、对比。她的核心的观点来自哪里呢？我觉得来自研究，劳拉女士和里斯先生做了大量的研究，是对几千个、上万个可以流传下来的口号的研究，找到的规律，得出的结论。我们很多企业找到了定位的方向，但怎么把定位口口相传，一直没有解决好这个问题，而战斗口号解决了这个问题，我认为这是非常重要的一个贡献。

今麦郎：企业家是最佳的品类创新推动者

下面回到企业家的演讲，我对每位企业家的实践分享，用一个概念来总结。

从今麦郎的实践来看，给我最大的感触是：企业家是企业最重要的品类创新的推动者。我们知道今麦郎是做方便面的，可能不知道今麦郎的范总是做面的高手。如果和今麦郎合作，你有机会吃到一碗范总亲手做的面。像康师傅这样的企业，我不确定他的总裁或者董事长吃不吃方便面。但是如果企业的董事长、创始人，高层、总裁都不吃方便面，你和竞争对手今麦郎比天生就有劣势。

范总是非常喜欢思考的一个人，今麦郎很多品类都是他开创出来的，比如“凉白开”。像“一菜一面”都是他自己炒、自己做，指导研发人员开发出来。只有这样，企业的新品类，才能源源不断地诞生出来。

所以，在某个阶段里面，我们讲工匠精神，背后蕴含的是高层的注意力，你必须要关注品类的创新。我认识一个企业家，企业在食品行业里做得不错，也做到 100 亿元的体量。他有一个习惯，企业买一块地，他是不看的，但是推出一款新产品，每一个字都要经过他的同意。他说，我买一块地，不就是多花了几千万、多花了一个亿的问题嘛，但是一款新产品、一个新品牌，就决定了我企业的未来，这个损失是我承担不了的。

杰克：战略远非传播

下一家企业是杰克。从杰克的实践来看，我们之前一直说营销就是传播，战略就是传播。定位要解决的就是心智问题，我们最终是要占据心智，但是占据心智并不是只有通过广告传播。

杰克是典型的B2B的案例，杰克的实践证明：在一个品类里，聚焦是非常关键的，配称是非常关键的。如果你做到了这些，就可以不依赖于简单的广告传播。

老板：选战略就是选品类

老板的实践我印象最深的一点是什么呢？就是品类的选择。

昨天，演讲的是小任总，老任总跟我讲过一个事，他们以前做过电风扇。做电风扇的时候，发现空调要来替代风扇了，他想我刚好把这个风扇做到一定的市场份额，空调来了，我能不能找一个可以做它500年的品类，他就想到吸油烟机，因为炒菜会一直做下去，所以选择了吸油烟机这个品类。

这个品类也是今天中国的家电市场里面最有价值的品类，有价值体现在两点：第一是中国的品牌最有话语权，因为它立足于中国人的厨房，中国人的餐饮文化，西门子这些欧洲家电品牌它没有优势，很多地产商都收到投诉，装了西门子品牌的油烟机业主要求拆掉，因为吸力不够，西门子的油烟机不是基于中餐开发的。第二是利润高，非常有价值，所以选品类显得非常重要。

君乐宝：创新颠覆不可能

昨天，君乐宝的魏总的演讲非常感染人！君乐宝也用了非常的手段，在不可能里面做到可能，那么只有创新，所以他前期聚焦到线上来做是非常好的。

如果说一个品牌要有两个战略，那么君乐宝就是实践了“两个战略”，第一阶段在线上做，当然我个人认为如果它在线上做的时间更长一点，可能这个战略的效果会更好一点。但是起步是非常重要的，如果君乐宝一开始就陷到传统渠道里去竞争，我认为它不会有今天的成果。因为做奶粉的企业已经很多了，娃哈哈、恒大等都认为奶粉是一座金矿。有的企业到澳洲，或到全球其他地方做了个品牌，最后也就两三个亿的销售额，所以前期的创新是非常重要的。

分众：分众即大众

接下来是分众传媒。在今天这个时代，小就是大，分众就是大众，大众就是小众。真正大众化的时代已经过去了。

长城：见证聚焦品类的力量

长城的魏总，刚才介绍的是长城的三段历程。为什么在“聚焦”后，要加上一个“品类的力量”？实际上关于长城的聚焦，我认为最有价值的一点，不是聚焦本身，而是对未来的判断。当时最艰难的一点是在 SUV 市场只占 5% 的时候，聚焦到 SUV。这也许是，包括在座的企业家在内，大部分企业家下不了决定的地方。这个品类只占市场的 5%，你为什么放弃了占 60% 的轿车市场，聚焦到只占 5% 的市场上？这不符合逻辑，这是最难的，同时也是战略价值最大的地方。

当然这是有原因的，第一是因为我们看到了趋势，看到了历史，研究了美国一百年的汽车行业史。我们去研究，看规律，我们通常会找一些参照性市场，但是不同品类参照的市场不一样。比如：一些食

品的品类，我们参照了欧洲。再比如：面包品类，可能要参照日本。但汽车市场，我认为日本市场几乎没有什么借鉴意义，最有借鉴意义的是美国市场，所以我们研究历史要找对相近的市场。

第二，当然是聚焦，所以随着长城越来越成功，这种质疑越来越少。在里斯先生的书里面、演讲里面，在我们里斯中国所有的传播里边，都总结了美国汽车市场这一百年的时间里，美国汽车企业犯下的那么多的错误，日本电子产业犯下那么多的错误，这些有没有真正的触动我们的媒体？触动我们的企业家？我觉得很少。为什么很少？因为黑格尔说过一句话："人类从历史里面学到的唯一教训，就是人类未从历史里面吸取教训。"

但，如果你吸取了，你就领先了。

下一个十年，属于品类领先者

你看里斯先生 90 岁了，他过去讲了 50 年，我们也会不断地讲下去，里斯先生还有一句话：营销和战略的精髓就在于重复、不断地重

复。所以，下一个十年，我们的工作就是不断地重复，当然还有不断地实践，我们不希望改变整个人类历史的教训，但是我们希望改变一部分企业家集体的教训，吸收历史的经验。

我做一个预测：下一个十年，这一段很短的也是很长的时间，属于每一个品类里的品类领先者！不管你这个品类有多小，只要你处于这个品类的领先者位置，我觉得你的下一个十年会一片光明。如果你这个企业很大，但是你在每一个品类里，都没有处于领先地位，你最终的结局，就是走向日本电子产业和美国通用汽车的结局。

最后祝愿大家：投身到品类创新的实践里面。在下一个十年，我们共同创造出一批更多的像长城、老板这样的品类领先者！

谢谢大家！

附录：峰会现场花絮

见证品类的力量
第三届定位中国峰会
暨里斯品类战略十周年论坛
里斯品类战略
里斯品类战略

范现国
魏立华

王凤英
魏建军

魏建军
范现国
里斯品类战略

见证品类的力量
WITNESS THE POWER OF CATEGORY

见证品类的力量
第三届定位中国峰会
暨里斯品类战略十周年论坛

陈孟辉

2007-2017
里斯品类战略十周年

2007-2017
里斯品类战略十周年
VIP

2007-2017
里斯品类战略十周年

见证品类的力量
第三届定位中国峰会
暨里斯品类战略十周年论坛
RIES & CHUANG & WONG
Harvard Business Review
CLIFF
华章书院
HUAZHANG BOOK ACADEMY
品类战略
定位理论最新发展
CATEGORY STRATEGY
见证品类的力量
WITNESS THE POWER OF CATEGORY